职业教育电气化铁道供电专业"十三五"规划教材

接触网实训指导教程

主　编　焦　海　李传军　姚建华
副主编　袁　博
主　审　马雪芹

西南交通大学出版社
·成都·

图书在版编目（CIP）数据

接触网实训指导教程 / 焦海，李传军，姚建华主编
. 一成都：西南交通大学出版社，2018.11（2025.2 重印）
职业教育电气化铁道供电专业"十三五"规划教材
ISBN 978-7-5643-6365-9

Ⅰ. ①接… Ⅱ. ①焦… ②李… ③姚… Ⅲ. ①电气化铁道 – 接触网 – 高等职业教育 – 教材 Ⅳ. ①U225

中国版本图书馆 CIP 数据核字（2018）第 195283 号

职业教育电气化铁道供电专业"十三五"规划教材

接触网实训指导教程

主编　焦　海　李传军　姚建华

责任编辑	陈　斌
封面设计	何东琳设计工作室
出版发行	西南交通大学出版社 （四川省成都市二环路北一段 111 号 西南交通大学创新大厦 21 楼）
邮政编码	610031
发行部电话	028-87600564　028-87600533
官网	http://www.xnjdcbs.com
印刷	四川森林印务有限责任公司
成品尺寸	185 mm×260 mm
印张	9
字数	221 千
版次	2018 年 11 月第 1 版
印次	2025 年 2 月第 3 次
定价	27.00 元
书号	ISBN 978-7-5643-6365-9

课件咨询电话：028-87600533
图书如有印装质量问题　本社负责退换
版权所有　盗版必究　举报电话：028-87600562

前　言

当下人类社会正全面跨入信息化、知识经济和全球化的时代，第四次工业革命以超乎每个人想象的速度、深度与广度改变着人类社会。"十三五"期间，我国全面落实新发展理念，把职业教育切实地摆在更加突出的位置，同时加快构建现代职业教育体系。在国家营造的良好教育环境下，职业教育快速发展，注重理实结合教育方式的职业院校，为国家培养了大批高素质劳动者和技能型人才。

接触网实训及实习是电气化铁道供电专业学生重要的实践教学环节。《接触网实训指导教程》从工学结合的角度出发，将所学知识与施工现场紧密连接。学习掌握接触网安全、机具、材料、图纸、技能等方面的专业知识，既有助于增加学生专业知识的积累，又便于学生毕业后顺利上岗，与现场实现"零接轨"。本教程是编者结合了近二十几年接触网现场工作与多年来职业教育实训教学经验的总结，由简入繁，由浅入深，由易到难，介绍了接触网施工、维管、技术、安全等相关内容，有利于职业学校相关专业学生接触网实训操作能力的提高，同时也适用于毫无接触网实作能力及经验的学员进行学习。特别是在安全篇章中根据现场工作中要求的"自控、互控、他控"分别制订出与接触网工作中安全等级相对应的初、中、高级阶段学习内容，把安全教育贯穿始终，时刻提醒、预防为主，树立安全第一的意识。教材编写时注重将理论知识和实践操作进行有机结合，坚持育人为本、就业导向，为专业课的教学改革探索出一条符合时代发展的道路。

本教材的主要特点：

（1）结合施工现场的实际需要，内容涵盖全面，针对性强，以铁路行业所需的技能型人才培养为目标，充分体现理论知识与实践技能的良好融合。

（2）在编写内容布局上，遵循"必需、够用、实用"的原则，突出可操作性，体现出职业教育的实用特点。

本书主要内容包括：安全、机具、材料、图纸、技能模块五大部分。根据本专业教学的特点，在每一章内容中插入多种形式图片，使教材表现形态多元化、立体化，帮助学生及时掌握操作方法。本书由洛阳铁路信息工程学校焦海、李传军、姚建华老师担任主编，袁博老师担任副主编，洛阳铁路信息工程学校高级讲师马雪芹担任主审。

具体编写分工如下：焦海编写第一章、第三章；姚建华编写第二章；李传军、袁博编写第四章；李传军编写第五章；焦海、李传军编写第六章；李传军编写附录。本书在编写过程中得到了洛阳铁路信息工程学校王哲、左可显、李子佳的参与和支持。同时邀请了洛阳铁路信息工程学校薛艳红、田媛媛老师参与本书的审定与指导工作。

职业教育教学改革正随着时代的发展大步前进，我们也正处于不断地学习中，由于我们的学识水平有限，书中难免存在疏漏之处，恳请读者批评指正，以便于我们以后改正，在此表示感谢！

编 者

2018 年 9 月

目 录

第一章 电气化专用工具的应用 ··· 1
第一节 劳动防护用具的使用 ·· 2
复习思考题 ·· 7
第二节 测量用具 ·· 7
复习思考题 ·· 15
第三节 校正类工具 ·· 15
复习思考题 ·· 17
第四节 受力及其他常用工具 ·· 17
复习思考题 ·· 23
第五节 供电安全保护用具 ·· 23
复习思考题 ·· 28

第二章 接触网材料 ·· 29
第一节 定位装置材料 ·· 29
复习思考题 ·· 34
第二节 下锚补偿装置材料 ·· 34
复习思考题 ·· 42
第三节 接触悬挂材料 ·· 42
复习思考题 ·· 46
第四节 支持装置材料 ·· 46
复习思考题 ·· 50
第五节 接触网支柱的分类 ·· 50
复习思考题 ·· 54
附表一：接触网各种线材参数一览表 ·· 55
附表二：接触网连接螺栓紧固力矩标准 ···································· 58

第三章 安全工作规程 ·· 59
第一节 铁路工作安全基本常识 ·· 59
复习思考题 ·· 61
第二节 初级阶段安全知识 ·· 61
复习思考题 ·· 64
第三节 中级阶段安全知识 ·· 64

复习思考题 …… 66
　第四节　高级阶段安全知识 …… 66
　　复习思考题 …… 68
　第五节　人身伤亡事故的抢救 …… 69

第四章　接触网图纸 …… 72
　第一节　接触网平面图 …… 72
　　复习思考题 …… 79
　第二节　接触网安装图 …… 80
　　复习思考题 …… 80

第五章　个人操作项目 …… 81
　第一节　直线正定位平腕臂组装 …… 81
　　复习思考题 …… 85
　第二节　钢绞线回头制作 …… 86
　　复习思考题 …… 88
　第三节　拉出值测量、计算 …… 88
　　复习思考题 …… 91
　第四节　验电与接地 …… 91
　　复习思考题 …… 93
　第五节　隔离开关倒闸作业 …… 94
　　复习思考题 …… 95

第六章　集体操作项目 …… 96
　第一节　全补偿装置 b 值调整 …… 96
　　复习思考题 …… 100
　第二节　更换悬式绝缘子 …… 100
　　复习思考题 …… 103
　第三节　支柱腕臂装配 …… 103
　　复习思考题 …… 106
　第四节　更换软横跨固定绳 …… 107
　　复习思考题 …… 110

附录：接触网安装图 …… 111

参考文献 …… 138

第一章　电气化专用工具的应用

随着电气化铁路的飞速发展，接触网的专业化施工以及维修队伍在不断加强，以往所使用的检测和维修工具已不能适应现在接触网作业的需求。为开拓我校供电专业学生视野，同时提升学生的动手操作技能，真正实现与施工现场"零"接轨，针对我校接触网实训基地的实际情况，结合施工现场，我们编写了本教材。现对所涉及的专业化作业工具做逐一介绍。接触网常用工具名称及主要作用如下：

（1）防护类工具。

防护喇叭、防护旗：用于现场行车安全防护。

安全帽：用于接触网作业时对头部保护。

对讲机：用于现场行车安全防护及作业过程中的信息传递。

（2）登高类工具。

梯车：用于接触网高空作业时的施工与检修。

安全带：用于接触网作业人员在高空时的安全防护。

圆杆脚扣、H型脚扣：用于攀登接触网圆形混凝土支柱、H型钢柱使用。

（3）测量类工具。

钢卷尺：用于测量接触网相关参数。

水平尺：接触网的水平调整时使用。

轨距尺：测量钢轨轨距、外轨超高等接触网参数。

塞尺：用于测量间隙尺寸，如隔离开关触头间隙等。

测杆：用于测量接触网的导高、拉出值等参数。

（4）校正类工具。

力矩扳手：用于对接触网各部螺栓、螺帽进行紧固。

扭面器：用于接触线线面的校正。

接触线校直器：用于接触线弯度的校正。

支柱整杆器：用于对接触网支柱斜率、扭面等参数的整正。

（5）绝缘类工具。

绝缘手套、绝缘鞋：用于高压电流的防护。

验电器：检查接触网电流、电压情况。

接地线：释放接触网电流，保证接触网工安全作业。

（6）紧线类受力工具。

手扳葫芦、紧线器：用于对接触网各类线索的紧送线操作。

滑轮组、单滑轮：用于拉线紧线，吊装材料施工时使用。

钢丝套：用于连接固定受力工具，如手扳葫芦等。

断线剪（钳）：用于线索的断线，如钢绞线、承力索等。

切管器：用于钢管类材料的切割，如腕臂管、定位管。

大绳：一般和滑轮配合使用传递料具及承受较小的拉力。

第一节　劳动防护用具的使用

劳动防护用具是指保护劳动者在生产过程中的人身安全与健康所必备的一种防御性装备，对于减少职业危害起着相当重要的作用。

一、铁路防护信号旗

铁路防护信号旗是铁路部门显示行车信号的一种专用旗帜，按照颜色分为红色防护旗和黄色防护旗。其使用方法有严格的规定，即它的使用也就是一种行车命令，必须做到准确、严格、及时。如使用不当，将严重影响行车及人身安全，如图1-1-1所示。

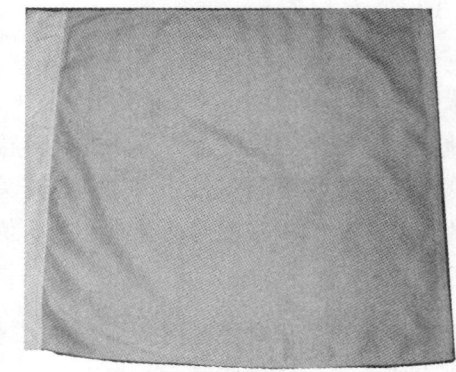

（a）红色信号旗　　　　　　　　（b）黄色信号旗

图 1-1-1　铁路防护信号旗

铁路防护信号旗的使用方法：

（1）挥动红色信号旗是要求列车停车。一般是前方线路上有施工作业，而在作业时间内无法避让列车，前方线路发生危险等情况下不允许列车通过。

（2）挥动黄色信号旗是提醒列车减速慢行。一般是前方有施工作业，列车到时人员机具可以避让，但为了确保安全，列车需减速慢行；或前方线路存在隐患，允许列车慢行通过等。黄色信号旗一般与限速牌配合使用。

二、对讲机

对讲机是一种双向移动通信工具，在不需要任何网络支持的情况下，就可以通话，没有话费产生，适用于相对固定且频繁通话的场合。对讲机是现场作业各个环节相互联系的主要联络工具，要求使用普通话联系、标准化用语、复述应答等联络方式，如图 1-1-2 所示。

图 1-1-2　对讲机

使用时应注意以下几点：
（1）按下按键，可发送语音；松开按键，可接收语音。
（2）无线通信设备，没有装天线时，禁止发射。
（3）手持电台充电时不能发射，应关闭电源开关再充电。
（4）没有接到呼叫信号时，不要乱问乱说，不宜横向联系。
（5）当收发信号不清晰时，持台者可变换自己所在位置，做前后左右移动，寻找最佳通信位置；行驶中的车载电台可利用放慢车辆行驶速度或停止行驶方法，增强灵敏度，提高通话效果。

三、安全帽

安全帽是保命帽，它的作用是当作业人员受到高处坠落物、硬质物体的冲击或挤压时，减少冲击力，消除或减轻其对人体头部的伤害。在冲击过程中，从坠落物接触头部开始的瞬间，到坠落物离开帽壳，安全帽的各个部件（帽壳、帽衬、插口、拴绳、缓冲垫等）首先将冲击力分解，然后通过各个部分的变形作用将大部分冲击力吸收，使最终作用在人体头部的冲击力减弱，从而起到保护作用。安全帽被称为"生命帽"，既是作业组成员实行对自己保护的最重要的一个环节，也是安全作业最基本的安全保护用品之一，如图1-1-3所示。

图1-1-3　安全帽

据有关部门统计，坠落物撞击致伤的人数中有15%是因使用安全帽不当造成的，所以正确穿戴安全防护用品是保证我们人身安全的一道屏障。在进行接触网作业时，正确地穿戴防护用品是我们必须养成的一个良好工作习惯。

安全帽的使用及注意事项：

合格的安全帽内衬和下颌带是可以调节的。首先应将内衬圆周大小调节到对头部稍有约束感，但以不难受的程度，以不系下颌带低头时安全帽不会脱落为宜；其次佩戴安全帽必须系好下颌带，下颌带应紧贴下颌，松紧以下颌有约束感、不难受为宜。这样佩戴安全帽任凭大风吹来，不怕受外力碰撞，不论操作者的头部所处各种姿势，安全帽也不会掉落，如图1-1-4所示。

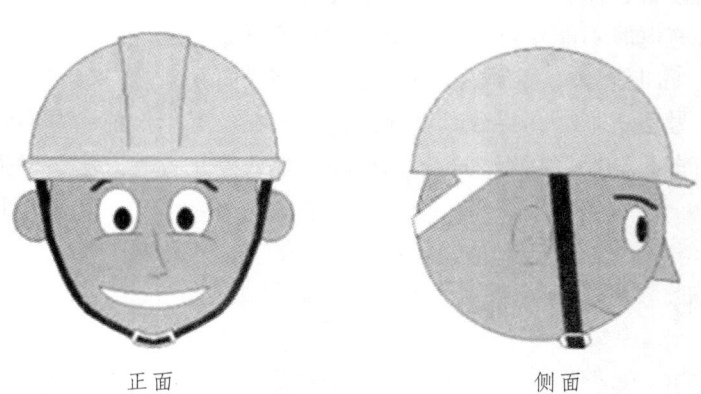

正面　　　　　　　　　侧面

（a）正确佩戴安全帽的方法

未系帽带　　　　　　　　　　　　　前后反戴

（b）错误佩戴安全帽的方法

图 1-1-4

只有正确地佩戴安全帽才能有效地保护头部免受冲击伤害。在实际工作中还应做到以下几点：

（1）任何人进入接触网作业现场时，必须正确佩戴安全帽。

（2）戴安全帽时，必须系紧安全帽带，保证各种状态下不脱落；安全帽的帽檐，必须与目视方向一致，不得歪戴或斜戴。

（3）不能私自拆卸帽上部件和调整帽衬尺寸，以保持垂直间距和水平间距符合有关规定值，用来预防冲击后触顶造成的人身伤害。

（4）要做到"四严禁"。即严禁在帽衬上放任何物品；严禁随意改变安全帽的任何机构；严禁用安全帽充当器皿使用；严禁用安全帽当坐垫使用。

四、安全带

安全带是高空作业人员预防坠落伤亡的防护用品，以防止高空作业人员坠落伤亡事故的发生，从而起到保障人身安全的作用。但是也只有在正确地使用过程中才能够真正做到有效保护高空作业人员的人身安全，才能做到万无一失，是高空作业人员必不可少的安全用具。如图 1-1-5 所示。

接触网工使用的安全带绳长限定在 1.5~2 m。在作业过程中宜做到垂直悬挂，当作水平位置悬挂使用时，要注意摆动碰撞的发生。

安全带使用的具体要求：

（1）使用前要检查各部位是否完好无损。

（2）禁止挂在移动或带尖锐棱角或不牢固的物件上。

（3）使用安全带时要做到"高挂低用"。即将安全带挂在高处，人在下面工作称之为高挂低用。杜绝"低挂高用"现象的出现。

（4）安全带要拴挂在牢固的构件或物体上，要防止摆动或碰撞，绳子不能打结使用，安全钩要挂在连接环上。

（5）安全带绳保护套要保持完好，以防绳被磨损。若发现保护套损坏或脱落，必须加上新套后再使用。

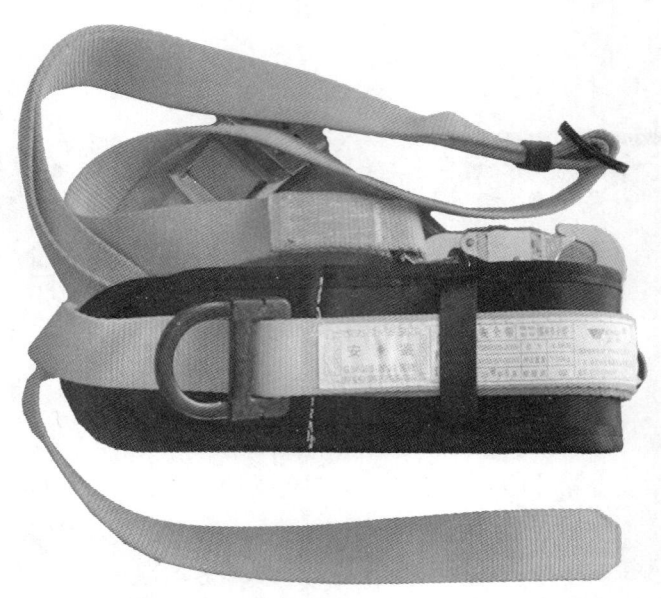

图 1-1-5 安全带

（6）安全带不使用时要妥善保管，不可接触高温、明火、强酸、强碱或尖锐物体，不要存放在潮湿的仓库中保管。

（7）安全带每年应抽验一次，频繁使用应经常进行外观检查，发现异常必须立即更换。定期或抽样试验用过的安全带，不准再继续使用。

五、脚扣

脚扣是套在鞋上攀爬支柱时用的一种弧形或 U 形金属制工具。它利用杠杆的作用，借助人体自身重量，使另一侧紧扣在支柱上，产生较大的摩擦力，而抬脚时因脚上承受重力减小，扣环自动松开从而使人易于攀登。如图 1-1-6 所示。

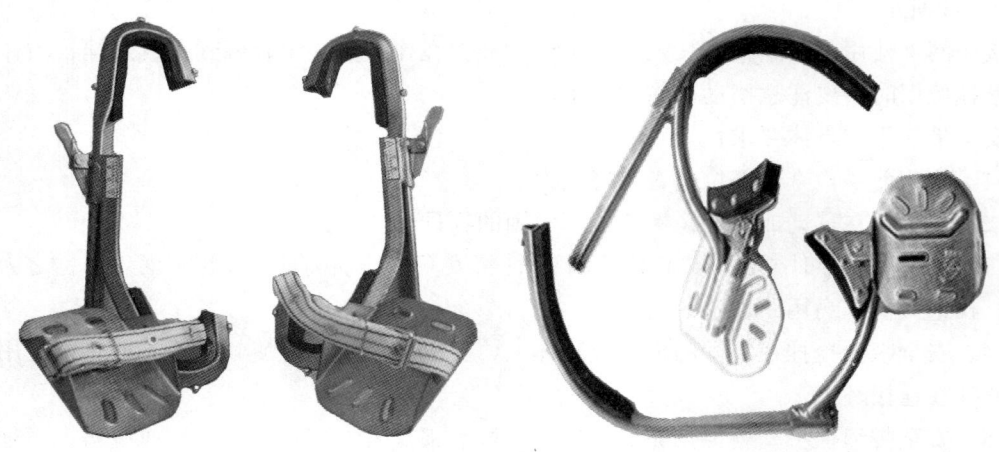

图 1-1-6 脚扣

攀登支柱过程中脚扣是有效的攀爬工具之一。脚扣一般采用经过热处理的高强无缝管制作，具有重量轻、强度高、韧性好、可调性好、轻便灵活、安全可靠、携带方便等优点，是接触网工攀登不同规格支柱的理想工具。

正确使用脚扣是接触网作业人员要掌握的基本技能。对它的使用应做到一支柱一检查，不能掉以轻心、麻痹大意。认为经常使用的东西不会出现问题是一种错误的想法。正因为经常使用才增大了它本身的磨耗程度，应做到及时加固和修复。在使用过程中应做到以下几点：

（1）脚扣的型号应与支柱的直径大小相适应。

（2）使用前应对脚扣进行认真检查，确保其状态良好可靠方可使用。

要确认弧形（或U形）扣环部分无变形、焊接部分无开焊、脚扣皮带无损坏现象，严禁使用绳子或电线等替代物代替脚扣皮带使用；要进行人体冲击试验，保证脚扣皮带牢固可靠。

（3）攀登支柱动作要领：攀登支柱时要固定好脚部，安全带拦住支柱（不要太紧，能上下活动为宜），左右脚交替用力向上攀登，到达作业地点需挂好安全带后才可以开始作业。注意：单脚支撑时，另一只脚向上提将脚扣卡在支撑脚上方15~20 cm的地方，卡好后替换支撑脚，同理将另一只脚向上提将脚扣卡在支撑脚上方15~20 cm的地方，直至作业地点。下支柱时，将安全带拦住支柱，左右脚交替用力向下攀登（动作要领和上杆方法相反，向下运动），作业完毕清理现场。

复习思考题

1. 正确佩戴安全帽的注意事项有哪些？
2. 使用安全带的注意事项有哪些？

第二节　测量用具

测量工作是所有工作的依据和标准，它的准确度直接影响整个工作的质量。在施工过程中因为测量错误所造成的影响是最让人无法接受的，所以测量工作要做到精益求精，尽量减少人为的误差。对测量工具的使用也应做到准确无误。

下面具体介绍接触网专业中经常使用的测量用具的使用方法。

一、钢卷尺

钢卷尺用于测量较长工件的尺寸或距离，可分为自卷式卷尺、制动式卷尺、摇卷式钢卷尺。其他名称：钢盒尺，如图1-2-1所示。

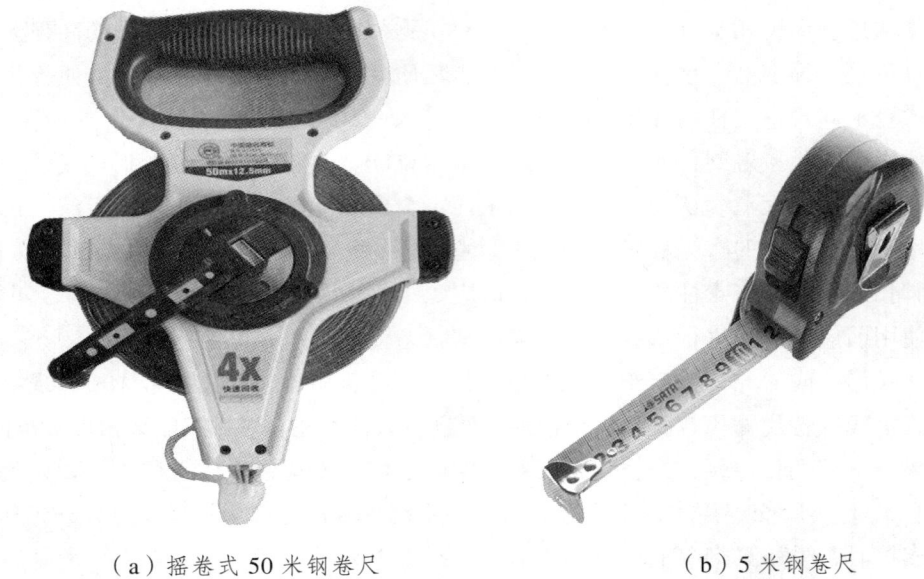

（a）摇卷式 50 米钢卷尺　　　　　　（b）5 米钢卷尺

图 1-2-1　钢卷尺

（1）首先要检查卷尺的各个部位。

① 对自卷式和制动式卷尺来说，拉出和收卷尺带时，应轻便、灵活，无卡住现象。

② 制动式卷尺的按钮装置应能有效地控制尺带收卷，不得有阻滞失灵现象。

③ 盒式和架式摇卷尺在摇卷时应灵活；尺带表面不得有锈迹和明显的斑点、划痕，线纹应清晰。

（2）使用卷尺应以"0"点端为测量基准，这样便于读数。在施工中经常看到有些人用截断了的一节钢卷尺测量物品的尺寸及参数，这样使用虽然允许，但是要特别注意其起始端的线纹数字，否则在读数时会读错。

（3）使用卷尺要和使用钢直尺一样，不得前后左右歪斜，而且要拉紧尺带。

二、水平尺

水平尺主要用于设备安装、检验、测量、划线、工业工程施工时测量其水平状态，如图 1-2-2 所示。

图 1-2-2　水平尺

水平尺一般都有三个玻璃管，每个玻璃管中有一个气泡。水平尺放在被测物体上，水平尺气泡偏向哪个方向则表示哪个方向位置偏高，即需要降低该侧的高度或调高相反侧的高度。将水泡调整至中心，就表示被测物体处于水平位置。

原则上，水平尺横竖玻璃管都在中心时，带角度的水泡也自然在中心。横向玻璃管用来测量水平面的，竖向玻璃管用来测量垂直面的，倾斜玻璃管是用来测量45度角的。三个水泡的作用是测量测量面是否水平，水泡居中则水平，不居中则不水平。

三、轨距尺

轨距尺是用来测量铁路线路两股钢轨间的轨距、水平以及超高等数据的专用计量器具，如图 1-2-3 所示。

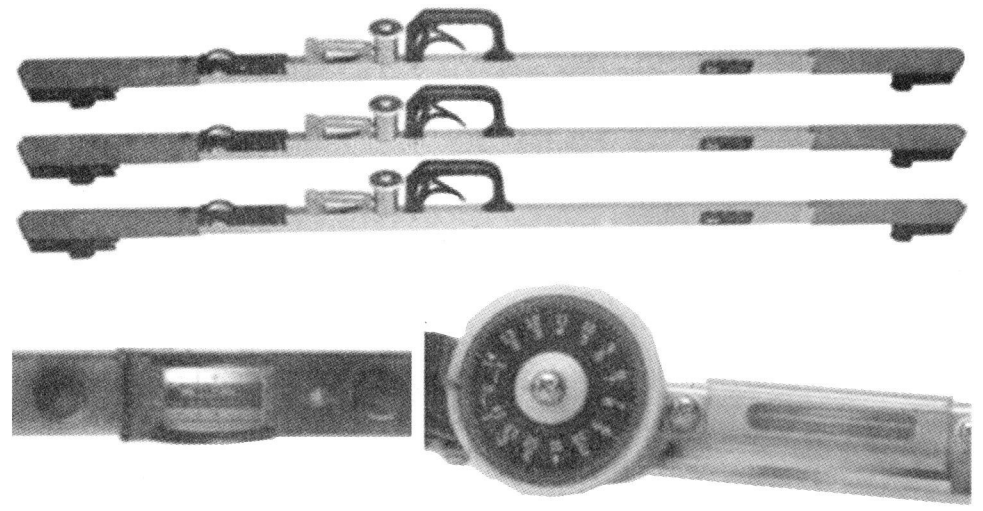

图 1-2-3　轨距尺

（1）使用轨距尺时，必须调节度轮盘，对准水准泡零位，看超高刻度，再从放大镜刻线正上方看轨距刻度。

（2）使用时严禁生拉硬拽，防止碰坏轨距尺的两个侧头，以减少测量时带来的误差。

（3）要爱护好轨距尺上的刻度盘，一旦损坏将无法使用。

（4）使用后要及时上交进行保管，并及时轻擦轨距尺上的污迹。

四、塞　尺

塞尺是测量间隙的薄片量尺，由一组具有不同厚度级差的薄钢片组成量规，用于测量间隙尺寸。在检验被测尺寸是否合格时，可以用通止法判断，也可由检验者根据塞尺与被测表面配合的松紧程度来判断。塞尺一般用不锈钢制造，每片长 100 mm，宽 10 mm，厚度在 0.02～1 mm，如图 1-2-4 所示。

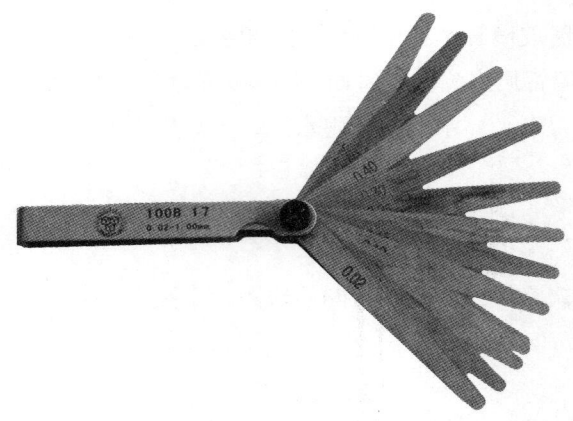

图 1-2-4 塞尺

塞尺的使用方法：

（1）用干净的布将塞尺测量表面擦拭干净，不能在塞尺沾有油污或金属屑末的情况下进行测量，否则将影响测量结果的准确性。

（2）将塞尺插入被测间隙中，来回拉动塞尺，感到稍有阻力，说明该间隙值接近塞尺上所标出的数值；如果拉动时阻力过大或过小，则说明该间隙值小于或大于塞尺上所标出的数值。

（3）进行间隙的测量和调整时，先选择符合间隙规定的塞尺插入被测间隙中，然后一边调整，一边拉动塞尺，直到感觉稍有阻力时拧紧锁紧螺母，此时塞尺所标出的数值即为被测间隙值。

（4）隔离开关主刀闸是面接触，其接触面宽度为 50 mm 及以下时，塞尺头部塞入深度不超过 4 mm；在接触面宽度为 60 mm 及以上时，塞尺深度以不超过 6 mm 为标准。

五、高压绝缘测杆

高压绝缘测杆主要用于对电气化铁道接触网中接触悬挂参数的测量，其中包括测量接触线高度、拉出值、跨中偏移值等相关数据，如图 1-2-5 所示。

图 1-2-5 绝缘测杆

1. 绝缘测杆的使用方法

（1）使用绝缘测杆时，打开杆帽，将钩子拧紧在最细一节的螺丝上，然后逐节拉出，每至两节的嵌合处可稍稍用力，边拧边往外拉，让两节刻度尺的竖线对齐，直至两节之间的半圆标记对成圆形，最后确认销子是否弹出。

（2）使用完绝缘测杆后收杆时，左手握住底把最粗一节，用拇指向下按住销子，右手握住上面细的一节，然后边拧边往回推，依次松动两节的嵌合处逐节收回。

（3）绝缘测杆将钩子拧下来，安装验电器头，可做验电器杆使用。

2. 绝缘测杆使用注意事项

（1）绝缘测杆须竖立垂直使用，如将杆全部拉出，竖立或放倒时，用力过猛或使用不当可能造成杆体断裂。

（2）松动两节嵌合处时，不要用力过猛，否则会有损坏产品或挤伤手的危险。

（3）带电使用绝缘测杆时，必须保证其绝缘性能良好，并进行耐压试验的检测，保持杆体干燥。

六、力矩扳手

力矩扳手就是我们所说的扭力扳手，其中的力矩指的是力和距离的乘积。扭矩扳手是为了保证螺纹紧固且不至于因力矩过大破坏螺纹，在紧固螺丝、螺栓、螺母等螺纹紧固件时更好地控制施加的力矩。力矩扳手的用法及用途在工作中是比较常见的，如图1-2-6所示。

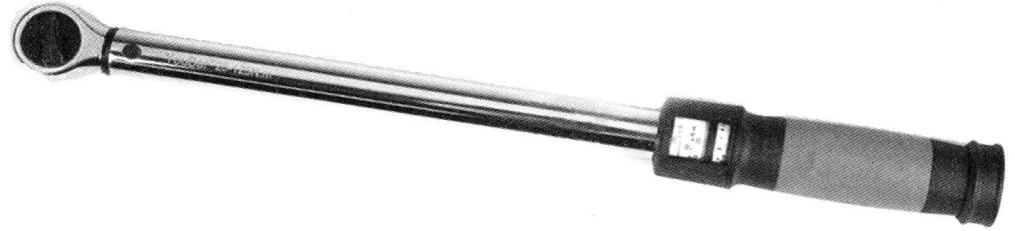

图 1-2-6　力矩扳手

1. 力矩扳手的使用方法

（1）解锁：单手握住手柄，并朝手柄方向拉动锁环。

（2）调值：转动手柄，直到手柄上部的"0"刻度与所需设置力矩值对应的中线重合。若所需扭力值在两个示值之间，则继续转动手柄，直至扳手杆上示值与手柄上示值等于所需设置扭力值。

（3）上锁：向手柄方向推动锁环，释放锁环被锁紧。

（4）紧固：将套筒紧密安全地固定于力矩扳手的方头上，然后将套筒置于紧固件上，不可倾斜。施力时，手紧握住手柄中部，并以垂直力矩在扳手、方头、套筒及紧固件所在共同平面的方向用力。

（5）拧紧紧固件时，请注意均匀平衡地施力于力矩扳手手柄上。随着阻力的不断增加，施力的速度应相应放缓，当听到"咔哒"声响后立即停止施力。

2. 力矩扳手使用注意事项

（1）力矩扳手须由专人保管及操作，定期进行校准以保证其精度。

（2）操作扳手设置扭力前，请务必拉动锁环使之处于解锁位置。当锁环处于锁紧状态时切勿转动手柄。

（3）选择使用范围内的力矩扳手，且严格按照螺栓紧固的要求设置力矩及紧固。

（4）长期未使用的力矩扳手需再次使用时，务必以高扭力操作 5~10 次，以使其中精密部件能得到内部特殊润滑剂的充分润滑。

（5）正确握紧手柄的操作姿势。要握紧手柄，而不是扳手杆，然后平稳地操作扳手。严禁施加冲击力，否则除对扳手造成损害外，还会超出设定的扭力值，损坏螺母或工件。

（6）增加施力时，必须维持方头、套筒及紧固件在同一平面上，以保证扳手在发出警告声响后读数的准确性。使用力矩扳手时，切勿倾斜扳手手柄，因为倾斜扳手手柄易导致扭力偏差，甚至损坏紧固件。

（7）达到预置扭力时继续施力，当听到"咔嗒"声响后立即停止施力以保证精度，延长使用寿命。在较低扭力值时需特别注意"咔嗒"声响。

（8）力矩扳手的尾端加接套管，不得使用力矩扳手去拆卸紧固的螺栓或螺母。

（9）扳手应避免接触水或尘土，切勿将力矩扳手置于液体中，以免损坏其他部件。长时间不用时需将力矩扳手设置在最低扭力值上。

七、游标卡尺

游标卡尺是一种中等精度的量具，可用来测量各种工件的内径、外径、中心距、宽度以及长度。I型游标卡尺还可以用来测量工件的深度，常用作接触网工作中对材料及零部件的检测等，如图 1-2-7 所示。

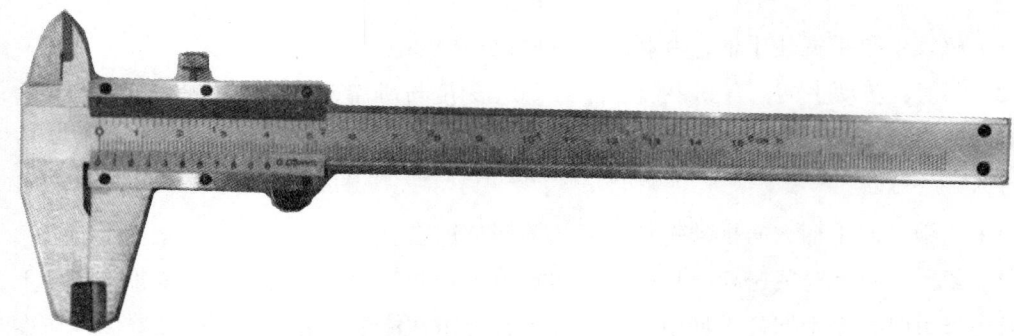

图 1-2-7　游标卡尺

1. 游标卡尺的测量方法

测量时，右手拿住尺身，大拇指移动游标，左手拿待测外径(或内径)的物体，使待测物位于外测量爪之间，当与测量爪紧紧相贴时，即可读数。

尺身和游标尺上面都有刻度。以精确到 0.1 mm 的游标卡尺为例，尺身上的最小分度是 1 mm，游标尺上有 10 个小的等分刻度，总长 9 mm，每一分度为 0.9 mm，比主尺上的最小分度相差 0.1 mm。量爪并拢时尺身和游标的零刻度线对齐，它们的第一条刻度线相差 0.1 mm，第二条刻度线相差 0.2 mm，以此类推，第十条刻度线相差 1 mm，即游标的第十条刻度线恰好与主尺的 9 mm 刻度线对齐。

当量爪间所量物体的线度为 0.1 mm 时，游标尺向右应移动 0.1 mm。这时它的第一条刻度线恰好与尺身的 1 mm 刻度线对齐。同样当游标的第五条刻度线与尺身的 5 mm 刻度线对齐时，说明两量爪之间有 0.5 mm 的宽度，以此类推。

在测量大于 1 mm 的长度时，整的毫米数要从游标"0"线与尺身相对的刻度线读出。

2．读取方法

读数时首先以游标零刻度线为准，在尺身上读取毫米整数，即以毫米为单位的整数部分。然后看游标上第几条刻度线与尺身的刻度线对齐，如第六条刻度线与尺身刻度线对齐，则小数部分即为 0.6 mm（若没有正好对齐的线，则取最接近对齐的线进行读数）。如有零误差，则一律用上述结果减去零误差（零误差为负，相当于加上相同大小的零误差），读数结果为：

$$L = 整数部分 + 小数部分 - 零误差$$

判断游标上哪条刻度线与尺身刻度线对准，可用下述方法：选定相邻的三条线，如左侧的线在尺身对应线之右，右侧的线在尺身对应线之左，中间那条线便可以认为是对准了。

如果需测量几次取平均值，不需每次都减去零误差，只要从最后结果减去零误差即可。

3．注意事项

（1）游标卡尺是比较精密的测量工具，要轻拿轻放，不得碰撞或跌落地下。使用时不要用来测量粗糙的物体，以免损坏量爪，不用时应置于干燥地方防止锈蚀。

（2）测量时，应先拧松紧固螺钉，移动游标不能用力过猛。两量爪与待测物的接触不宜过紧。不能使被夹紧的物体在量爪内挪动。

（3）读数时，视线应与尺面垂直。如需固定读数，可用紧固螺钉将游标固定在尺身上，防止滑动。

（4）实际测量时，对同一长度应多测几次，取其平均值来消除偶然。

八、外径千分尺

外径千分尺简称千分尺，它是比游标卡尺更精密的长度测量仪器，其量程为 0~25 mm，分度值是 0.01 mm。外径千分尺的结构由固定的尺架、测砧、测微螺杆、固定套管、微分筒、测力装置、锁紧装置等组成。固定套管上有一条水平线，这条线上、下各有一列间距为 1 mm 的刻度线，上面的刻度线恰好在下面两相邻刻度线中间。微分筒上的刻度线是将圆周分为 50 等分的水平线，它是旋转运动的。千分尺通常用于测量导线磨耗，如图 1-2-8 所示。

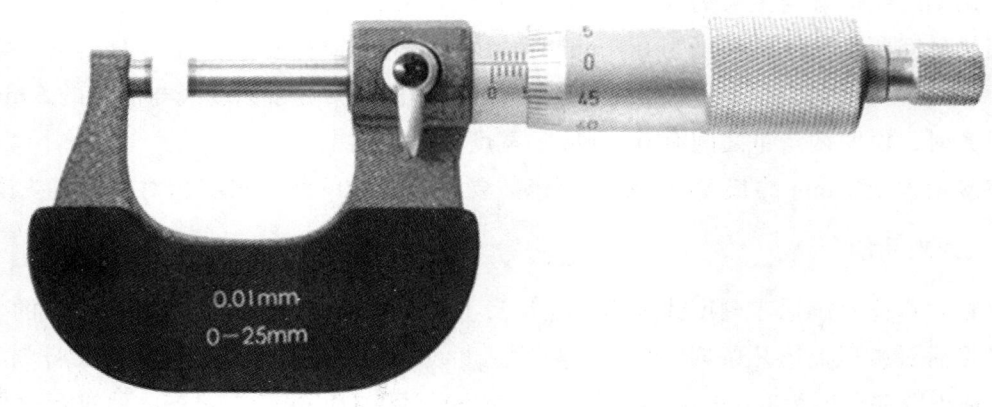

图 1-2-8 千分尺

千分尺刻度读取方法：测量值 = 主轴刻度 + 副轴刻度。

（1）首先读出副轴边缘在主轴上的刻度。

在图 1-2-9 中，由于其边缘在主轴上处于 5 和 5.5 之间，所以主轴刻度是 5.5 mm。

（2）读取和主轴刻度基线重合的副轴刻度。

在图 1-2-9 中，主轴刻度基线对齐副轴上的 5 和 5.5 之间，再根据刻度分量读出其分刻度，就可得副轴刻度为 0.46 mm。

（3）主轴上的刻度与副轴上的刻度之和就是（最终）测量值。

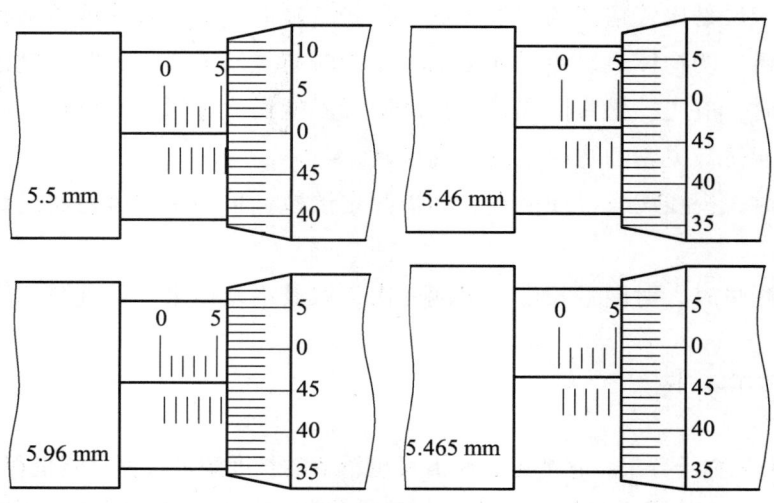

图 1-2-9

复习思考题

1. 在工作中使用高压绝缘测杆时，应注意哪些事项？
2. 在工作中使用扭矩扳手时，应注意哪些事项？

第三节　校正类工具

校正工具是设备缺陷修复的专用工具，它的使用将直接影响设备缺陷的减小还是扩大。所以正确熟练地使用校正工具也是接触网作业人员需要具备的专业技能之一。下面介绍一下铁道电气化专业经常使用的一些校正类工具。

一、扭面器

扭面器又称拧面器、正面器、接触线校正扳手，主要用于调整校直接触网导线扭面硬点。扭面器分为通用型扭面器、可调式扭面器、固定式扭面器、双面开口扭面器等，其中双面开口扭面器如图1-3-1所示。

扭面器用于电气化铁道检修，是接触网施工中校正接触线局部扭曲的校正工具。其用于校直接触线与受电弓接触面，使列车运行畅通，小巧轻便，易于操作，适用于 TJ85、TJ110、TJ120、TJ150 接触线。

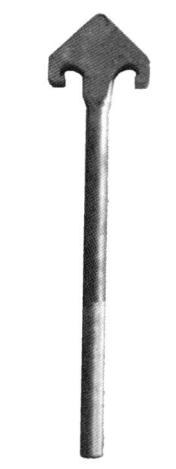

图 1-3-1　扭面器

扭面器使用的注意事项：

（1）使用前，检查校正部位无裂痕、无碰伤、无变形。

（2）当导线扭弯变形时，将扭面器绕导线轴反向沿导线扭曲面转动，直到将导线扭曲变形校正到正确位置为止。

（3）日常保养时，应严禁捶打、重压、高空抛投。

二、整弯器（五轮校直器）

整弯器是电气化铁路中用于校直较大弯度的接触线，使接触网导线平直，以保证受电弓正常取流。其中五轮整弯器也称五轮校直器，如图 1-3-2 所示。

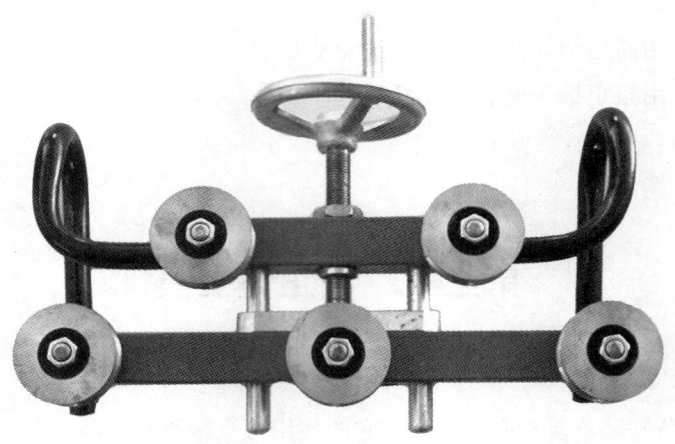

图 1-3-2　五轮整弯器

1. 整弯器的使用特点

（1）机械校正装置，用于接触电车线，能够轻易地校正和保持通用电车线。电车线范围：85、110、120、150 mm^2。有铜校直轮和铁校直轮两种。

（2）适用于张力为 10~20 kN 的铜电车线的校直工作，最大校直弯度为 30°。

（3）校正后的导线无硬点，不损伤导线，能保证受电弓通过该处时平滑过渡。

（4）该工具采用手动操作（不使用电能等其他能源），体积小，重量轻（仅 6.5 kg），便于携带，操作安全、简单。

（5）广泛用于地铁、城铁、高铁柔性悬挂。

2. 使用五轮校直器的优点

接触网作业中，使用五轮整弯器通过其五个铜质滚轮沿导线滚动实现对接触线的校直。其在现代接触网检修作业中有很大的优越性，主要有以下几点：

（1）不易对接触网线表面产生损伤。

（2）调节简便、快捷。

（3）调节精度更高。

（4）体积小、重量轻、外形美观。

三、接触网支柱整杆器

接触网支柱整杆器主要用于电气化铁道施工中对钢筋混凝土支柱立杆校正及电力系统的维修倾斜电线杆的作业。其结构如图 1-3-3 所示。

图 1-3-3 接触网支柱整杆器

接触网支柱整正方法及注意事项：

（1）一套整杆器由两根传动杆、一个框架、两个钢轨卡子组成。一头用钢轨卡卡在钢轨上，另一头用框架卡在支柱上，通过摇动传动杆来调节支柱的限界。

（2）一般还要用到木墩子放入基坑与支柱中间，通过传动杆受力来调整支柱底部的位置，使支柱在保证设计限界的情况下，斜率也达到设计要求。

（3）还要使用一根结实的木杆穿入支柱侧面的孔里来校正支柱面，避免支柱面不正，影响支柱以及腕臂的受力。

复习思考题

1. 使用扭面器应注意哪些事项？
2. 接触网支柱整正方法及注意事项有哪些？

第四节　受力及其他常用工具

铁道电气化在对接触网设备结构进行安装、调整及更换过程中，要通过受力工具来完成。那么正确使用这些受力工具，也可以视为接触网作业的核心部分。本节对常用受力工具的使用及保养方法进行介绍。

一、倒链式手扳葫芦

手扳葫芦是通过人力手动扳动手柄，借助杠杆原理获得与负载相匹配的直线牵引力，轮换地作用于机芯内负载的一个钳体，带动负载运行。它具有结构紧凑、重量轻、外形尺寸小、操作方便等优点。它可以进行提升、牵引、下降、校准等作业。若配置特殊装置，不但可以做非直线牵引作业，而且可以很方便地选择合适的操作位置，或以较小吨位的机具成倍地扩大其负载能力，对于较大吨位负载可以采用数个机具并列作业。

倒链式手扳葫芦由链轮、工作状态调整挡钮、齿轮装置、起重链及吊钩等组成，可在水平、垂直、倾斜等任何方向使用。其结构如图 1-4-1 所示。

根据承受负荷大小分为 0.75 t、1.5 t、3.0 t 三种。

手扳葫芦的优点：安全可靠，使用方便，结构合理，造型美观，维修简便，经久耐用，手扳力小，劳动效率高，体积小，重量轻，携带方便，主要部件选用优质合金钢材料制造。

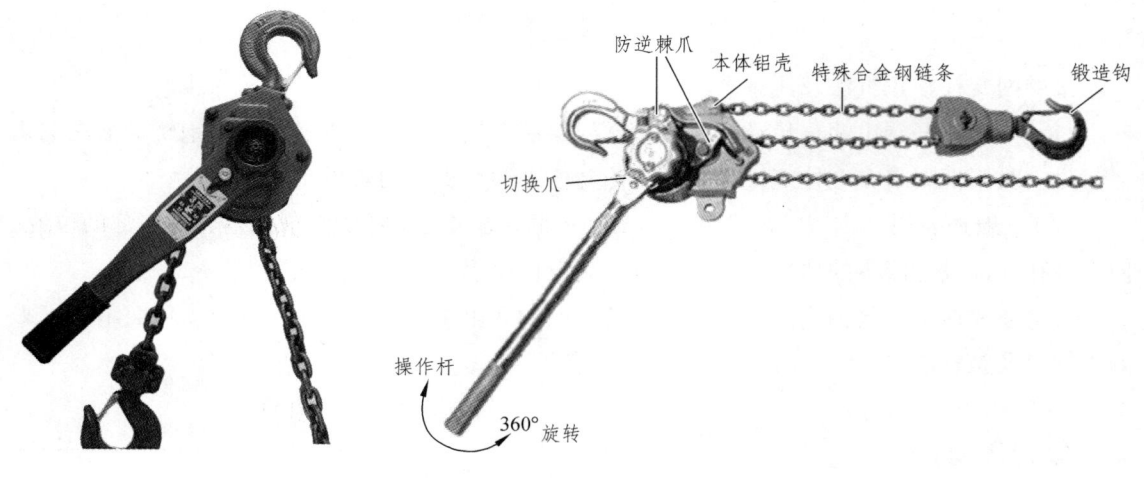

图 1-4-1 倒链式手扳葫芦

1. 倒链式手扳葫芦的使用方法

（1）调整链条长度的操作方法：将工作状态调整挡钮调制"中"挡位处时，可以调整链条长度。注意：必须在倒链式手扳葫芦未承受负荷的状态下，方可将链条调整到所需尺寸。

（2）受力紧线的操作方法：将工作状态调整挡钮调至"向上"挡位处时方可受力紧线。将工作状态旋钮挡位调整至"向上受力挡"后，将操作手柄按照顺时针方向旋转，使受力链条慢慢缩短达到紧线目的。

（3）卸载松线操作方法：将工作状态调整挡钮调至"向下"挡位处时方可卸载松线。在作业完成后，将工作状态旋钮挡位调整至"向下卸载挡"后，将操作手柄按照逆时针方向旋转，使受力链条慢慢放长达到松线目的。

2. 倒链式手扳葫芦使用的注意事项

（1）倒链式手扳葫芦在任何情况下严禁超负荷使用。

根据设备受力情况挑选相对应负荷的手扳葫芦。如调整承力索、接触线处用 3 t；调整下锚补偿装置 b 值使用 1.5 t；软横跨、定位调整使用 0.75 t。

（2）使用过程中链条不得扭转，保持其顺畅，以避免操作过程中发生卡滞现象。

（3）在操作过程中应匀速受力摇动，不得猛摇，以免出现冲击力量发生危险。

3. 倒链式手扳葫芦的保养方法

（1）使用完毕应将手板葫芦清理干净，并涂上防锈油脂存放在干燥的地方。

（2）维护和检修应由熟悉手板葫芦机构者进行，防止不懂机构性能原理者随意拆装。

（3）葫芦经过清洗检查检修后，应进行空载和重载试验，确认工作正常、自动可靠后才能交付使用。

（4）制动器的摩擦面必须保持干净，严禁油泥、污水污染。

二、紧（卡）线器

紧线器是接触网施工及检修中常用的握线工具，适用于架空电力线路调整弧垂，收紧线索调整长度及参数以达到相应标准的受力工具。

由于紧线器使用场地不一样，所握持线索品种规格也相应变化，现将接触网作业常用的两种进行介绍。

1. 铝合金紧线器

铝合金紧线器适用于钢绞线、裸铝线等线材，如图 1-4-2 所示。

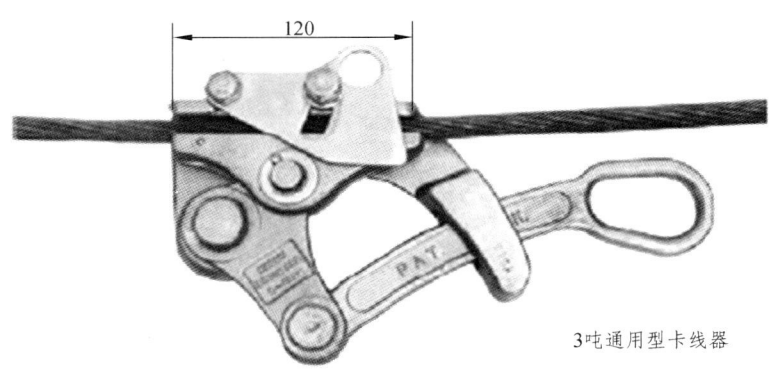

图 1-4-2　铝合金紧线器

（1）铝合金紧线器的技术参数。

安全负荷：3 t/30 kN；适用线径：$\phi 8 \sim \phi 22$ mm；质量：3 kg。

（2）铝合金紧线器的优点。

① 特别设计的钳口纹路，不伤线、不跑线。
② 特种轻型合金钢制造，重量轻、寿命长。
③ 特别设计的安全挡片，保证施工的安全性。

2. NGK 德式紧线器

NGK 德式紧线器适用于铜导线、钢铝导线、钢绞线等多种线材，属于铁路电气化专用卡线器材，如图 1-4-3 所示。

图 1-4-3　NGK 德式紧线器

根据适用范围分为三种型号（见表 1-4-1）：

表 1-4-1　NGK 德式紧线器型号

型号	适用线材（截面积/mm^2）	额定负荷/kN	安全系数	最大负荷/kN
DS-1	16～70	12	3	36
DS-2	50～150	16	3	48
DS-3	150～300	20	3	60

紧线器的使用方法及注意事项：

（1）要对其外观进行检查：紧线器外表有裂纹或变形、夹口磨耗严重、销钉或紧固螺栓缺损等现象，应禁止使用。

（2）要对紧线器灵活性进行测试：对紧线器两端进行挤压，卡线槽能够自由开合。

（3）作业过程中对要卡滞的线索采取防滑措施：在安装各种紧线器之前，必须对线索上的安装位置除污除锈，防止打滑。

三、钢丝绳套

钢丝绳套又称之为钢丝套，它是由不同线径的钢丝绳制作而成，其长度和直径可根据要求制作，分为开口式和闭口式两种，如图 1-4-4 所示。

图 1-4-4　钢丝绳套

钢丝绳套的作用是固定施力工具，根据设备的实际情况，能够方便地给施力工具一端进行可靠的固定。

钢丝绳套在使用过程中应注意以下事项：

（1）外观检查中不能出现硬弯、死结、松散和断股现象。

（2）使用过程中应保证其受力均匀，不得打扭。

（3）在使用完毕后应涂油保养，不得出现锈蚀现象。

四、断线工具

在接触网作业中，线索在预配过程中需要对其进行截断操作，常用的断线工具有管柄式大剪和棘轮式断线剪两种。下面对这两种断线工具进行介绍。

1. 管柄式大剪（见图 1-4-5）

图 1-4-5　管柄式大剪

管柄式大剪的特点及其在使用过程中应注意的事项：
（1）剪刀头由优质弹簧钢制成，并且具有超强的硬度和韧性。
（2）刃口锋利，耐磨，剪切阻力小。
（3）手柄与剪刀头本体紧密配合，牢固可靠。
（4）使用时不得任意加长手柄或砸击钳柄，以免其部件受损或断裂。
（5）断线钳钳头（刀头）不可代替锤子作敲击之用，以免钳头受损。
（6）使用后发现钳口刃部间隙过大时，可借调节螺钉进行适当调节。

2. 棘轮式断线剪

棘轮式断线剪也是接触网作业中较为常见的一种，如图 1-4-6 所示。

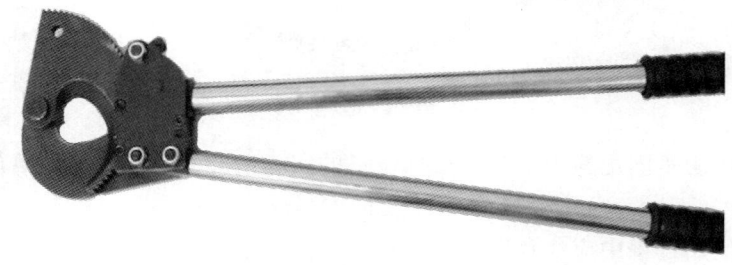

图 1-4-6　棘轮式断线剪

棘轮式断线剪的结构及工作原理：
（1）结构：由握柄装置、剪切装置及推进装置组成。
（2）工作原理：棘轮式断线剪的推进装置是借助两个齿轮传动，以带动活动刀体上的卡齿往前推进，使活动刀体与固定刀体的刀锋部所形成的圆形部渐次缩小，以达到剪切的功效。齿轮是以切线的方向推送活动刀体上的齿轮，并使齿轮以多个卡齿推送活动刀体的卡齿，使推送力分散于卡齿上，这样卡齿不易损坏，以延长其使用寿命。

使用过程中应注意以下问题：
（1）对各部螺栓进行检查并紧固，不得有松动、扭曲现象。
（2）操作过程中，断线剪口与线索呈垂直状态，且断线过程中不得扭动手柄，否则易造成剪刀口缝隙扩大。
（3）对要截断的线索断点两端 300 mm 处进行固定，防止断线后发生弹线伤人。
（4）断线时，应通知监护人员，共同确认所断线索准确无误，并通知附近相关作业人员采取避让准备后方可断线。

五、切管器

切管器是对圆柱形管子进行旋转性切割的有效工具，如果使用不当极易对工具造成损害，现将其使用技巧进行如下介绍。切管器结构如图 1-4-7 所示。

（1）管子卡住后，旋转手柄后部的旋钮，刀头压入管子一点，然后旋转切管器。
（2）刀就在管子上切一个印痕，然后旋转旋钮切割，继续旋转切管器。
（3）不停地重复操作，便可以完成切割。
（4）在使用过程中，应避免扭、撬等用力过猛动作的操作，防止损伤刀口。

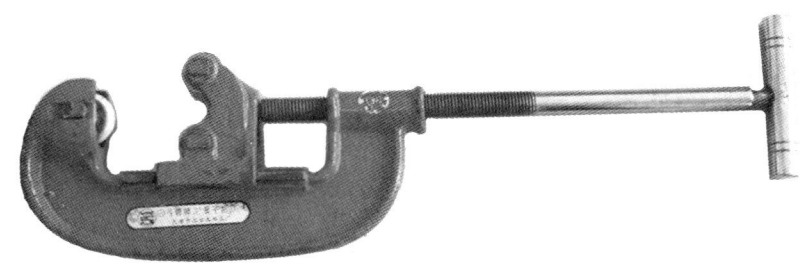

图 1-4-7　切管器

复习思考题

1. 使用扭面器时的注意事项有哪些？
2. 论述使用倒链式手扳葫芦的要点。
3. 使用紧线器时有哪些注意事项？

第五节　供电安全保护用具

我国电气化铁道牵引网采用的单相工频 25 kV 交流制，也是接触网上的额定电压。所以在铁道电气化作业和施工过程中，对绝缘安全防护用具的使用是必不可少的，只有正确地使用它们才能真正地起到保护作用。本节对其进行介绍。

绝缘安全防护用具分为两种：一是低强度绝缘防护用具；二是高强度绝缘防护用具。

低强度绝缘防护用具：也被称为辅助绝缘安全用具。特点是其绝缘强度不足以抵抗接触网 25 kV 运行电压的防护。主要有绝缘手套、绝缘靴、隔离开关绝缘操作棒等。

高强度绝缘防护用具：也被称为基本绝缘安全用具。要求其绝缘强度足以抵抗接触网 25 kV 运行电压的安全防护。主要包括有接地线绝缘操作杆、绝缘测杆、高压验电器等用具。

一、绝缘手套

绝缘手套又叫高压绝缘手套，是用天然橡胶制成，用绝缘橡胶或乳胶经压片、模压、硫化或浸模成型的五指手套，主要用于电工作业，如图 1-5-1 所示。

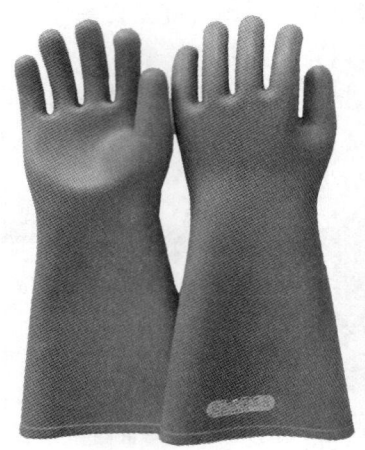

图 1-5-1　绝缘手套

作业过程中要正确使用绝缘手套：

（1）使用前要对绝缘手套进行气密性检查：将手套从口部向上卷，稍用力将空气压至手掌及指头部分，检查上述部位有无漏气，如有漏气现象则不能使用。

（2）使用时注意防止尖锐物体刺破手套，严禁攀登支柱时佩戴绝缘手套。

（3）使用后注意存放在干燥处，并不得接触油类及腐蚀性药品等。

（4）使用经检验合格的绝缘手套（每半年检验一次）。

二、绝缘靴

绝缘靴又叫高压绝缘靴、矿山靴。所谓绝缘，是指用绝缘材料把带电体封闭起来，借以隔离带电体或不同电位的导体，使电流能按一定的通路流通。良好的绝缘是保证设备和线路正常运行的必要条件，也是防止触电事故的重要措施。绝缘材料往往还起着其他作用：如散热冷却、机械支撑和固定、储能、灭弧、防潮、防霉以及保护导体等。如图 1-5-2 所示。

图 1-5-2　绝缘靴

在作业过程中要做到正确使用绝缘靴，才能够有效防范危险电压对人体造成的伤害。要求如下：

（1）使用原则：应根据作业场所电压高低正确选用绝缘鞋，低压绝缘鞋禁止在高压电气设备上作为安全辅助用具使用，高压绝缘鞋（靴）可以作为高压和低压电气设备上辅助安全用具使用。但不论是穿低压或高压绝缘鞋（靴），均不得直接用手接触电气设备。

（2）使用前的检查：应查验鞋上是否有绝缘永久标记，如红色闪电符号，鞋底有耐电压多少伏特等标识；购买时应注意鞋内是否有合格证、安全鉴定证、生产许可证编号等。

（3）绝缘鞋（靴）的使用不可有破损。布面绝缘鞋只能在干燥环境下使用，避免布面潮湿；绝缘靴在使用过程中应防止尖锐物刺伤。

（4）穿用绝缘靴时，应将裤管套入靴筒内。穿用绝缘鞋时，裤管不宜长及鞋底外沿条高度，更不能长及地面，保持布帮干燥。

（5）非耐酸碱油的橡胶底，不可与酸碱油类物质接触，并应防止尖锐物刺伤。低压绝缘鞋若底花纹磨光，露出内部颜色时则不能作为绝缘鞋使用。

（6）绝缘靴使用完毕后，应注意存放在干燥处并不得接触油类及腐蚀性药品等。

（7）绝缘靴应每半年检验一次，耐压不合格的严禁使用。

三、高压验电器

高压验电器是由电子集成电路制成的声光批示，性能稳定、可靠，具有全电路自检功能和抗干扰性强等特点。

高压验电器主要用来检验设备对地电压在 25 kV 及以上的高压电气设备。目前，广泛采用的有发光型、声光型、风车式三种类型。它们一般都是由检测部分（指示器部分或风车）、绝缘部分、握手部分三大部分组成。绝缘部分系指自指示器下部金属衔接螺丝起至罩护环止的部分，握手部分系指罩护环以下的部分，其中绝缘部分、握手部分根据电压等级的不同其长度也不相同。如图 1-5-3 所示。

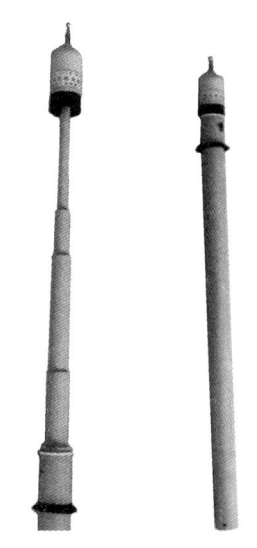

图 1-5-3 高压验电器

为保证人身和设备的安全，确保验电器的完好性，验电器应存放在空气流通、环境干燥的场所。验电操作前应对验电器进行自检确认。具体操作方法是：按下自检按钮，验电指示器应发出清晰的声光报警信号，若自检无声光指示信号时不得进行验电操作。

高压验电器的使用方法及注意事项：

（1）在使用高压验电笔验电前，一定要认真阅读使用说明书，检查一下试验是否超周期，外观是否有损坏、破伤等现象。

另外，GDY 型高压验电器在操作前应对指示器进行自检试验，才能将指示器旋转固定在操作杆上，并将操作杆拉伸至规定长度，再做一次自检后才能进行。注意：高压验电器不能检测直流电压。

（2）使用高压验电器进行验电时，首先必须认真执行操作监护制度，即一人操作，一人监护。操作者在前，监护人在后。使用验电器时，必须注意其额定电压要和被测电气设备的电压等级相适应，否则可能会危及操作人员的人身安全或造成错误判断。验电时，操作人员一定要戴绝缘手套，穿绝缘靴，防止跨步电压或接触电压对人体造成的伤害。

（3）操作者应手握罩护环以下的握手部分，先在有电设备上进行检验。检验时，应渐渐地移近带电设备至发光或发声止，以验证验电器的状态良好。然后方可在需要进行验电的设备上进行检测。

（4）同杆架设的多层线路验电时，其检测顺序应正确无误。按照先验低压线路，后验高压线路；先验下层线路，后验上层线路的步骤进行操作。

（5）高压验电器在保管和运输中，不要使其强烈振动或受冲击，不准擅自调整拆装，在遇到雨雪等影响其绝缘性能的环境下，一定不能使用。应避免在露天烈日下暴晒，不要用带腐蚀性的化学溶剂和洗涤剂进行擦拭或接触，应在干燥通风处保管。

四、接地线

接地线就是直接连接大地的保护线，也可以称为安全回路线，当发生危险时它就把高压电流直接转嫁给大地，算是一根生命线，如图 1-5-4 所示。

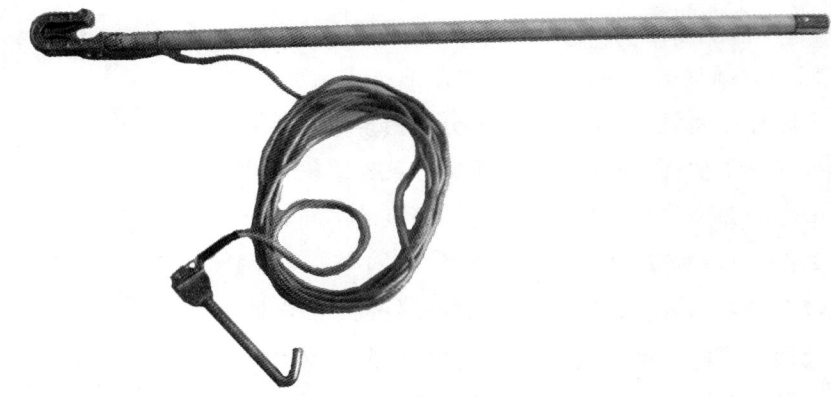

图 1-5-4　接地线

（1）在作业中应保证接地线状态良好。

① 接地线通身必须有透明软塑料外护套，当气温发生冷热变化时，软塑料外护套不变形、不变硬。接地线绝缘手柄底部应密封。接地线卡头与导线挂接时应有足够的握紧力和接触面积，接地线保证良好接触。接地线卡头和接地端卡子应有足够强度。

② 接地线由截面不得小于 25 mm² 的多股软铜导线制成。

③ 接地线的软铜线与地线鼻子采用压力连接，压接长度不小于 30 mm。

（2）在作业中应正确操作接地线，其使用方法及注意事项如下。

① 在使用接地线前，应进行外观检查，保证其状态良好。不得有铜线断股、散股现象，压接部分和螺丝连接部分也不得有松动现象。接触网线路和变电设备的运行和检修人员必须遵守《接触网安全工作规程》中有关使用接地线方面的相关规定。

② 验电证实无电后，应立即装设接地线接地端，然后接导体端，并保证接触良好。拆接地线的顺序与此相反。装拆接地线均应使用绝缘杆穿戴绝缘手套、绝缘靴。

③ 接地线必须使用专用挂钩挂接在导体上，使用专用冷压接头（线鼻子）固定在接地端子上。严禁使用缠绕的方法进行接地或短路。悬挂接地线时应保证作业人员和接地线与带电设备保持足够的安全距离，作业人员不准触及接地线，以避免危险的发生，确保人身安全。

五、受力工具的检测

接触网作业中使用的受力工具必须要确保其状态良好，这是施工作业顺利、安全进行的重要保证。《接触网安全工作规程》中也对这部分进行了严格的规定，具体要求如下：接触网工作中各种受力工具和绝缘工具应有合格证并定期进行试验，做好记录，禁止使用试验不合格或超过试验周期的工具。常用工具机械试验标准见表 1-5-1。

表 1-5-1　常用工具机械试验标准

序号	名称	试验周期（月）	额定负荷（kg）	试验负荷（kg）	试验时间（min）	合格标准
1	车梯： （1）工作台； （2）工作台栏杆； （3）每一级梯蹬	12	200 100 100	300 200 200	5 5 5	无裂损和永久变形
2	梯子：每一级梯蹬	12	100	200	5	无裂损和永久变形
3	绳子（尼龙、棕、麻绳）；钢丝绳	12	PH	2PH	10	无破损和断股
4	安全带	12	100	225	5	无破损
5	金属工具	12	PH	2.5 PH	10	无破损和永久变形
6	非金属工具	12	PH	2 PH	10	
7	起重工具	12	PH	1.2 PH	10	

受力工具和绝缘工具应建立健全严格的检查制度，及时发现维修或更换状态不良的工具。

复习思考题

1. 绝缘手套使用时有哪些注意事项？
2. 高压验电器使用时有哪些注意事项？
3. 接地线使用时有哪些注意事项？

第二章　接触网材料

近年来,在电气化铁路领域,高速铁路发展之快,令人惊叹。随着列车运行速度的提高,为了实现受电弓良好的受流,适用于高速运行的各种接触网材料设备相应地被研发出来。本章将主要介绍一下已研发的部分用于高速电气化铁路的接触网材料设备概况。

第一节　定位装置材料

定位装置包括定位管、定位环、定位支座、定位线夹和定位器。其功用是固定接触线的位置,使接触线在受电弓滑板运行的轨迹范围内,保证接触线与受电弓不脱离,并将接触线的水平负荷传给支柱,定位器有矩形铝合金定位器、直管定位器、弯管定位器之分。提速后采用带减振阻尼装置的多功能定位器,改善了受电弓的取流特性。

一、套管单耳

本零部件适用于安装在ϕ55和ϕ70圆管上与其他适配的双耳零件构成连接,铝合金套管单耳的材料采用牌号 AlSi7Mg0.3-T6 的铸造铝合金。

套管单耳外形、主要尺寸及实物如图 2-1-1 所示。

螺栓紧固力矩：70 N·m。

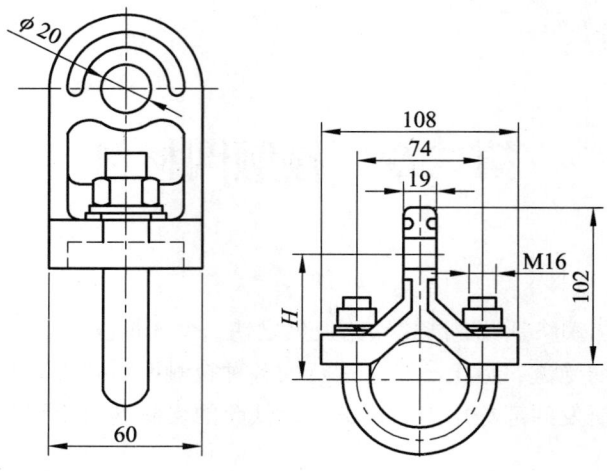

图 2-1-1 套管单耳（单位：mm）

二、铝合金定位管

本零部件适用于电气化铁道接触网系统中接触悬挂系统的一部分，通过定位器固定接触线。55 型定位管一端与斜腕臂上定位环连接，一端通过定位支座连接定位器。定位管本体及销钉采用 6082-T6；双耳套筒采用 AlSi7Mg0.3-T6；杯口螺栓采用 0Cr18Ni9；开口销、螺母采用 1Cr18Ni9。

铝合金定位管外形、主要尺寸及实物如图 2-1-2 所示。顶紧螺栓紧固力矩为 75 N·m，背紧螺母紧固力矩为 50 N·m。

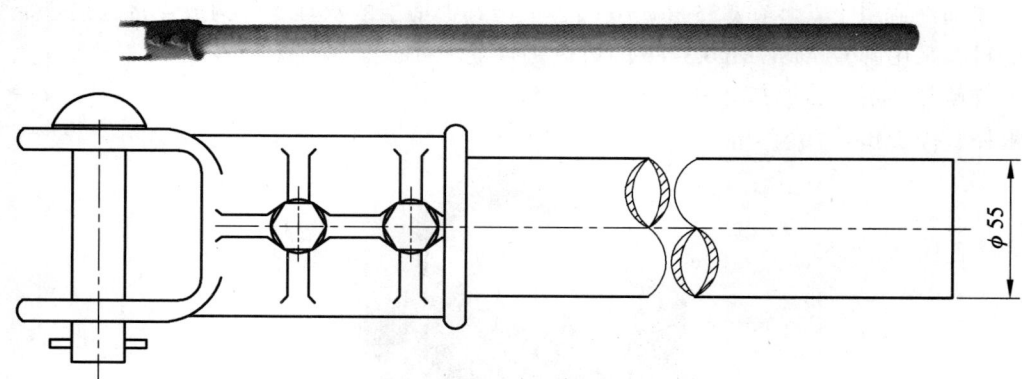

图 2-1-2 铝合金定位管（单位：mm）

三、铝合金定位环

本零部件适用在支柱定位处斜腕臂上连接定位管。

定位环本体、旋转接头采用牌号 AlSi7Mg0.3-T6 的铸造铝合金,销钉采用 6082-T6 的铝合金材料。

铝合金定位环外形、主要尺寸及实物如图 2-1-3 所示。螺栓的紧固力矩:70 N·m。

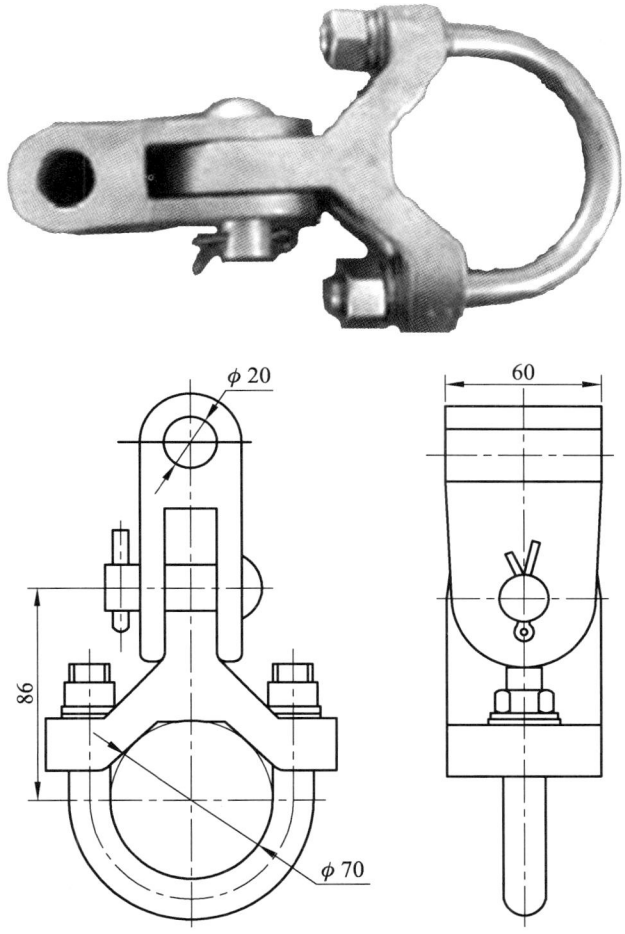

图 2-1-3　铝合金定位环(70 型)(单位:mm)

四、矩形铝合金定位器

本零件适用于电气化铁道接触网系统中直线区段和曲线半径较大的曲线区段,通过矩形定位器连接的定位线夹固定接触线。

定位器本体采用矩形铝合金型材,限位定位钩、定位销钉、套筒均采用牌号为 6082-T6 的铝合金材料,铆钉采用 6082-T5 的铝合金材料;定位销钉采用 CuNi2Si;定位线夹本体采用 CuNi2Si。

矩形铝合金定位器外形及实物应符合图 2-1-4 所示。

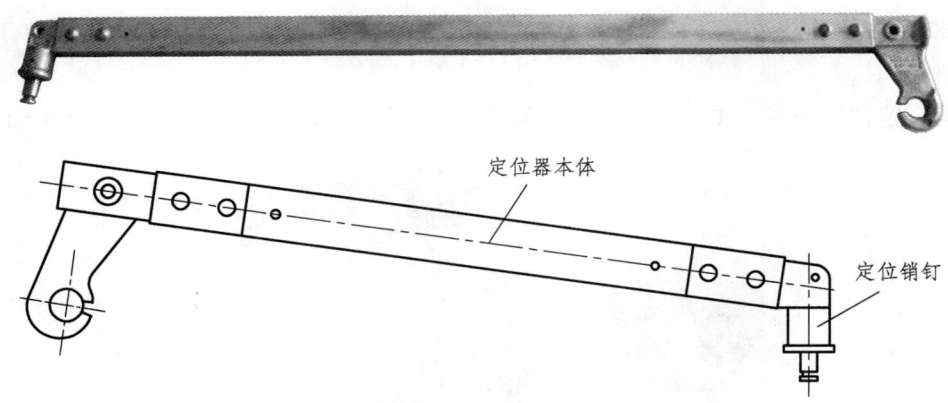

图 2-1-4　矩形铝合金定位器

五、定位线夹

本零件适用于电气化铁道接触网系统中在接触线定位处分别固定标称截面为 85 mm^2、120 mm^2、150 mm^2 的铜合金接触线或铜接触线。

有环夹板和无环夹板采用牌号为 CuNi2Si 的铜棒。螺栓和止动垫圈采用牌号为 0Cr18Ni9（新牌号 06Cr19Ni10）的不锈钢；螺母采用牌号为 1Cr18Ni9（新牌号 12Cr18Ni9）的不锈钢；U 型固定销采用牌号为 T2 的铜线。定位线夹外形、主要尺寸及实物如图 2-1-5 所示。螺栓紧固力矩为 25 N·m。

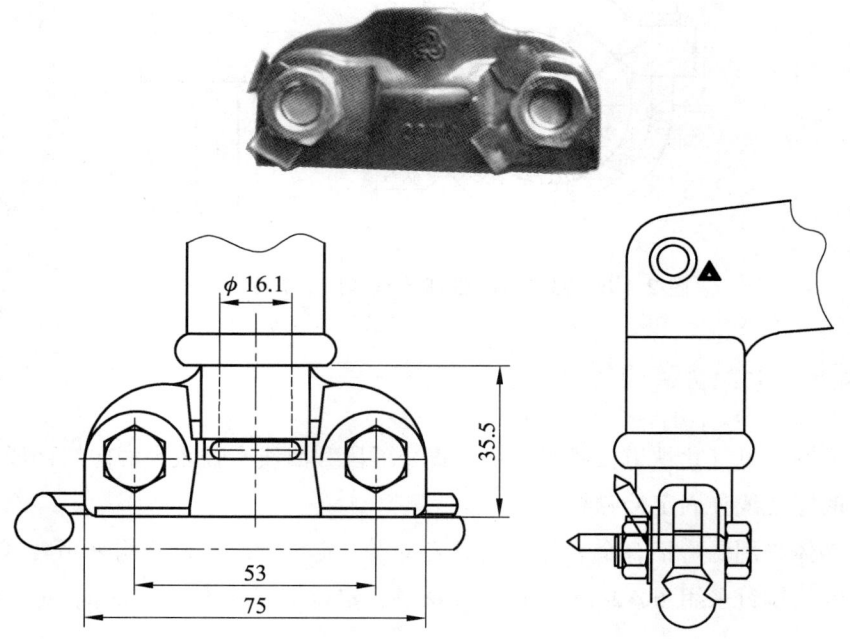

图 2-1-5　定位线夹（单位：mm）

六、定位支座

本零件适用于电气化铁道接触网系统中在定位管上固定限定定位器位置。

定位支座本体采用材料为 AlSi7Mg0.6，状态为 T6。螺栓采用牌号为 0Cr18Ni9（新牌号 06Cr19Ni10）的不锈钢；螺母采用牌号为 1Cr18Ni9（新牌号 12Cr18Ni9）的不锈钢。

定位支座外形、主要尺寸及实物如图 2-1-6 所示。

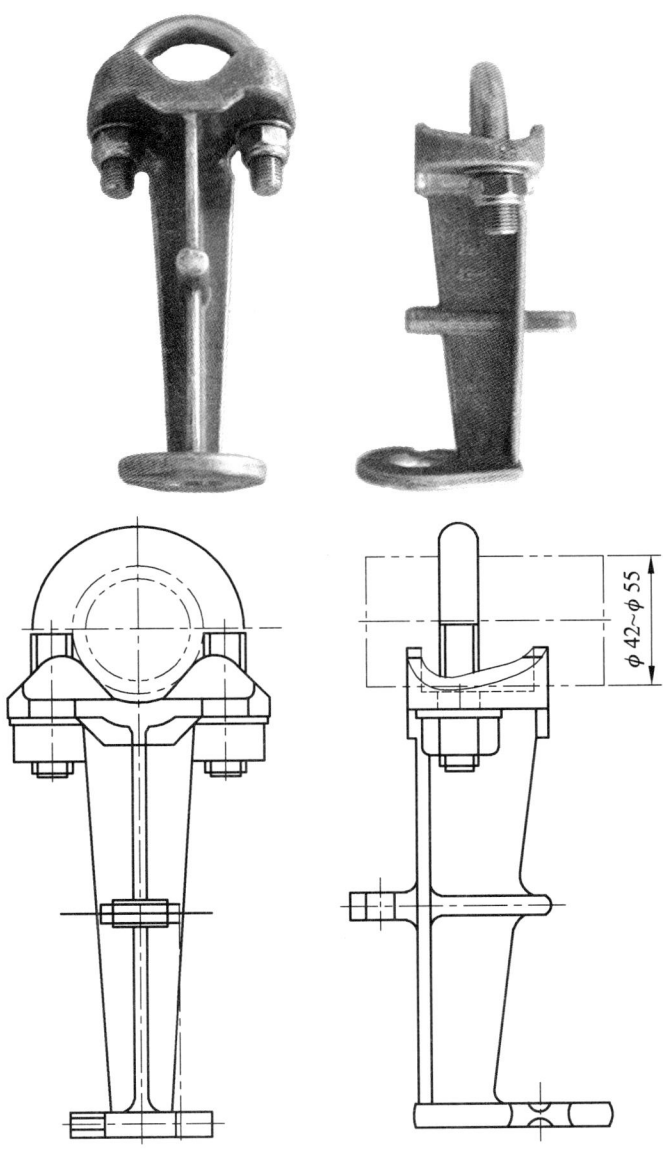

图 2-1-6　定位支座

复习思考题

1. 定位装置由哪些材料组成？
2. 定位器坡度定义是什么？

第二节　下锚补偿装置材料

高速度的运行伴随着高精度、高水平、高要求，电气化铁路的接触网零部件结构与以往低速运行线路零部件有了很大的变化，下锚补偿装置安装形式也发生了相应的改变，对施工安装的要求也更加严格。现特将相关接触网下锚相关零部件汇编介绍如下：

一、棘轮下锚补偿装置（传动比 1∶3）

本装置适用于电气化铁道接触网正线或站线以及城轨交通柔性悬挂下锚处补偿调整张力。它能确保接触线或承力索承受正确和持续的补偿力，并有断线制动功能，可防止在断线后坠砣落地而损坏下部设施及其他伤害；还可减小事故造成的接触网损害。棘轮补偿装置是接触网系统补偿装置的一部分，安装在锚段的末端；使用棘轮作为补偿装置，在接触线或者承力索的长度随温度的变化而发生变化时，加在其上的张力仍被维持在恒定状态。

棘轮补偿装置结构及组成有两种：一种是利用球头挂环与线路上的绝缘子相连，另一种是利用 U 形旋转双耳与线路上的绝缘子相连，如图 2-2-1 所示。螺栓紧固力矩：90 N·m。

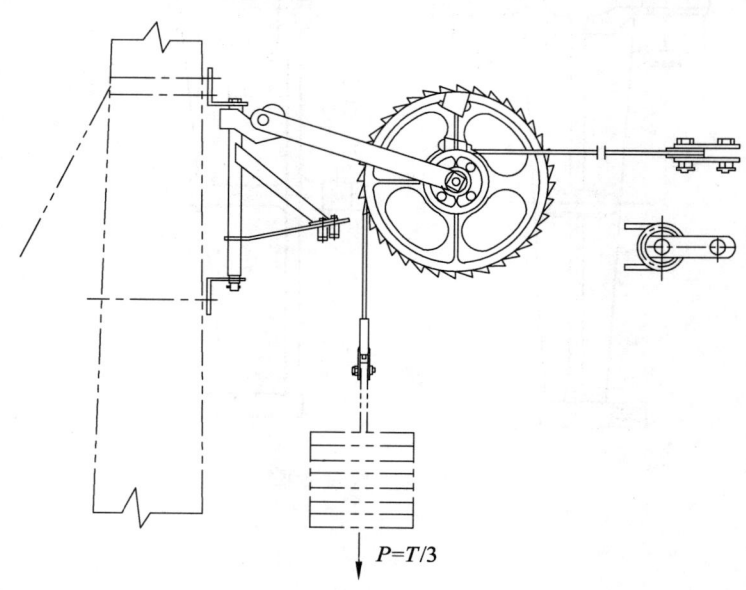

图 2-2-1　棘轮补偿装置结构及组成

二、补偿滑轮组

适用于电气化铁路接触网系统中接触悬挂的补偿装置中。

补偿滑轮组应满足接触悬挂中承力索与接触线在支柱的同侧下锚的要求，其主要由不同轮径的滑轮、滑轮框架、补偿绳、补偿绳用楔形线夹、M20 的螺栓销等组成。

（1）补偿滑轮组的传动比分为 1∶2、1∶3、1∶4 三种。

（2）补偿滑轮组外形、尺寸：

① 1∶2 传动比补偿滑轮组（见图 2-2-2）。

② 1∶3 传动比补偿滑轮组（见图 2-2-3）。

③ 1∶4 传动比补偿滑轮组（见图 2-2-4）。

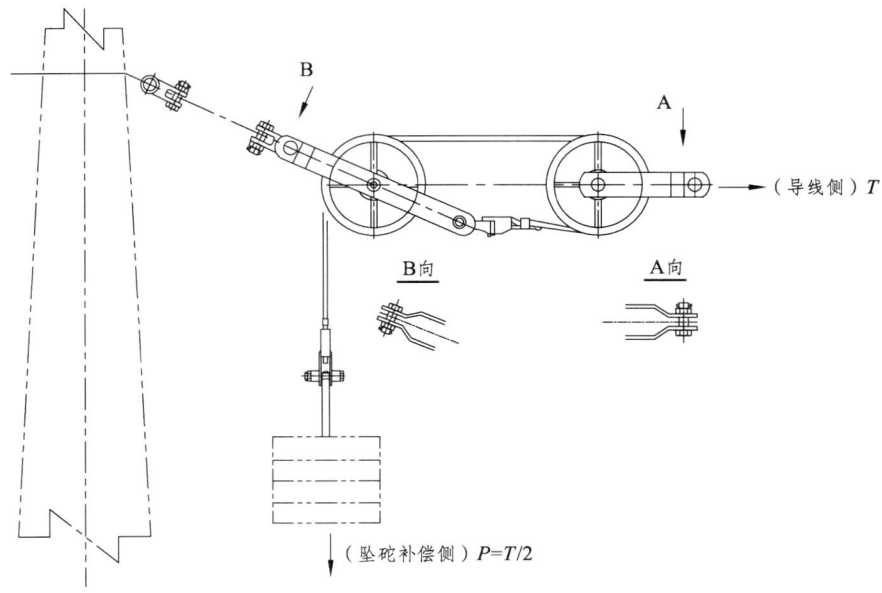

图 2-2-2　1∶2 传动比补偿滑轮组

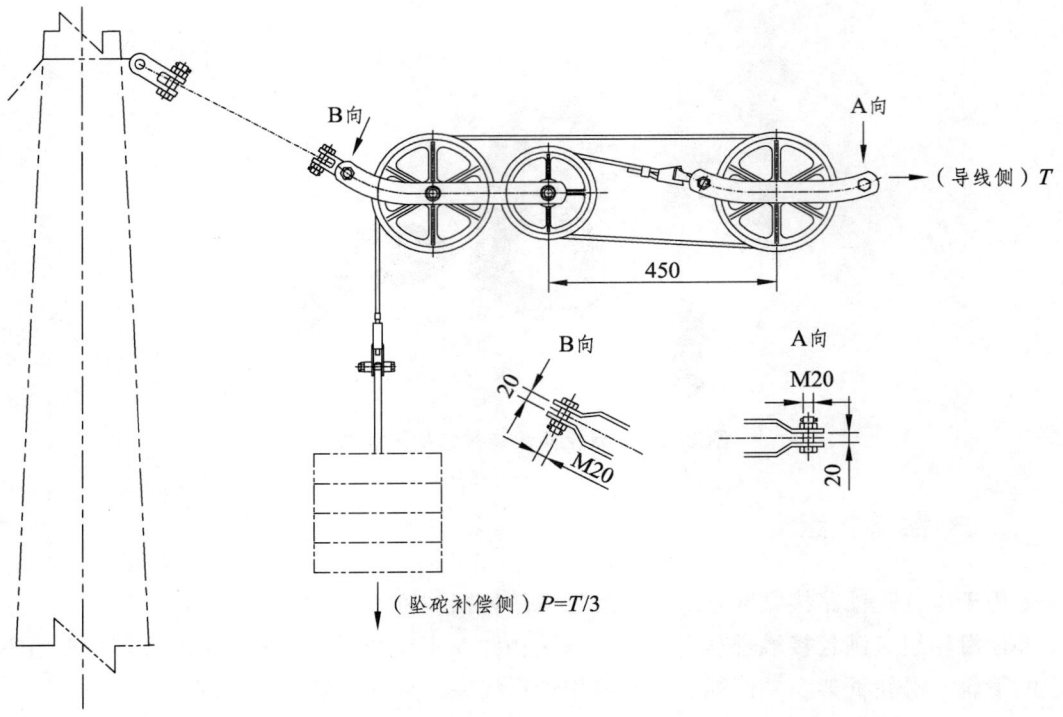

图 2-2-3　1∶3 传动比补偿滑轮组

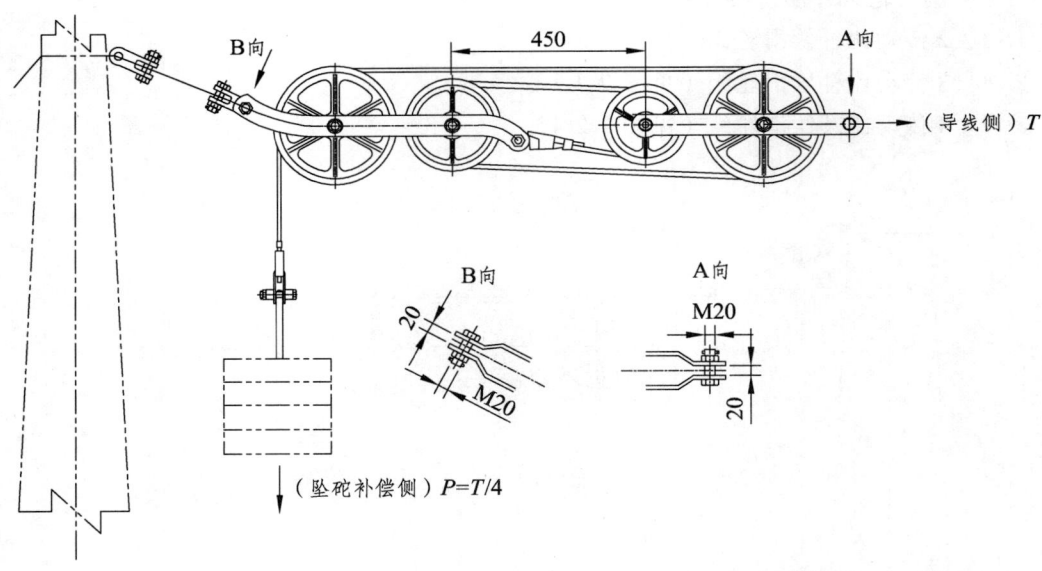

图 2-2-4　1∶4 传动比补偿滑轮组

（3）补偿滑轮组出厂配置。

① 传动比为 1∶4 时为 2 个大轮、1 个中轮、1 个小轮。

② 传动比为 1∶3 时为 2 个大轮、1 个中轮。

③ 传动比为 1∶2 时为 2 个中轮。

④ 大轮轮槽底部处轮径：ϕ260～280 mm。
⑤ 中轮轮槽底部处轮径：ϕ200～220 mm。
⑥ 小轮轮槽底部处轮径：ϕ160～180 mm。

（4）滑轮轮体无铸造缺陷，轮体沟槽无毛刺及残渣。滑轮应转动灵活，无卡滞偏斜现象。油杯及轮轴内应充满润滑油脂，油路畅通。

（5）补偿滑轮组零部件配套齐全，装卸灵活。工作时滑轮框架与补偿绳、补偿绳与补偿绳之间无相互摩擦、偏斜、摆动等。

（6）补偿绳应捻制均匀，无扭曲、松弛、错乱交叉及断丝现象。

三、坠 砣

适用于在电气化铁道接触网系统下锚补偿装置中起调整承力索或接触线补偿张力作用。坠砣的外形应符合图 2-2-5 所示。坠砣的参考质量为：25 kg。

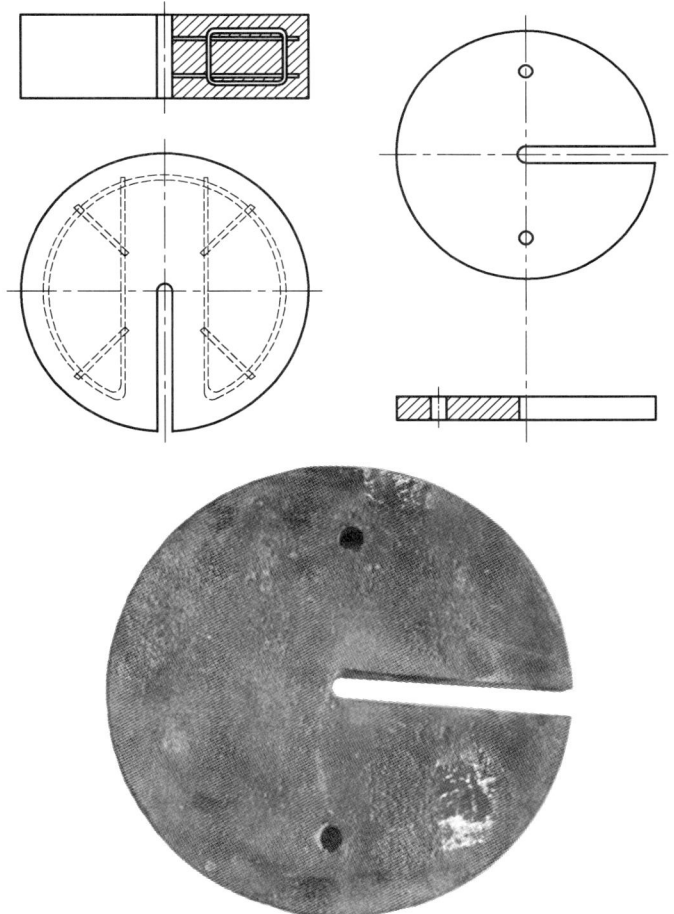

图 2-2-5 坠砣的外形

性能要求：

（1）坠砣每个质量误差应不大于3%。

（2）坠砣表面应平整、光滑、无气孔、渣眼、结块。

（3）坠砣表面平面度不大于1 mm。

四、杵环杆

适用于电气化铁道接触网系统中导线终端锚固处耳环型零件与杵座型零件的连接。

杵环杆的外形、主要尺寸及实物应符合图 2-2-6 所示，型号见表 2-2-1。

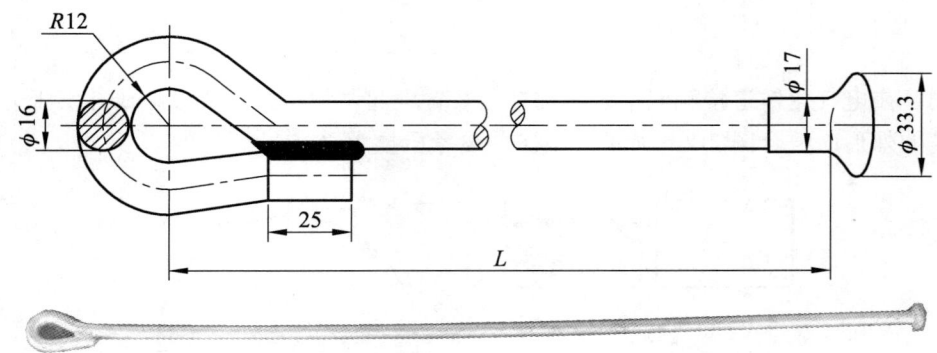

图 2-2-6　杵环杆（单位：mm）

表 2-2-1　杵环杆型号

型号	L（mm）	参考质量（kg）
12	1130	2.05
16	1530	2.68
21	2030	3.47
26	2530	4.26
30	2930	4.89

在杵环杆上明显易见而又不降低零件性能的地方，清晰地标出制造厂代号和产品型号的永久性标志。

五、双环杆

用于电气化铁道接触网系统中连接两双耳型零件。

双环杆的外形、主要尺寸及实物如图 2-2-7 所示，型号及相关参数见表 2-2-2。

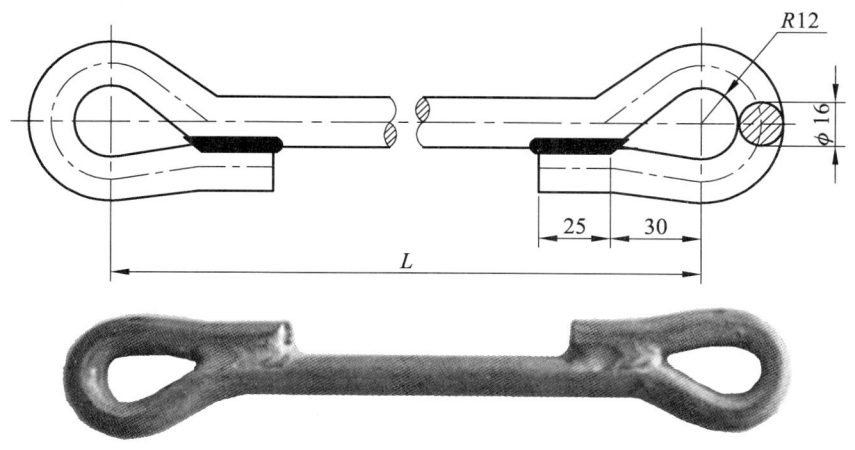

图 2-2-7 双环杆（单位：mm）

表 2-2-2 双环杆型号

型号	L（mm）	参考质量（kg）
250	250	0.81
350	350	0.97
770	770	1.64
1000	1000	2.00
1500	1500	2.79

在双环杆上明显易见而又不降低零件性能的地方，清晰地标出制造厂代号和产品型号的永久性标志。

六、UT 型楔形线夹

适用于在电气化铁道接触网系统中下锚拉线与单环类零件连接处。

UT 型楔形线夹的外形及主要尺寸如图 2-2-8 所示，型号及相关参数见表 2-2-3。

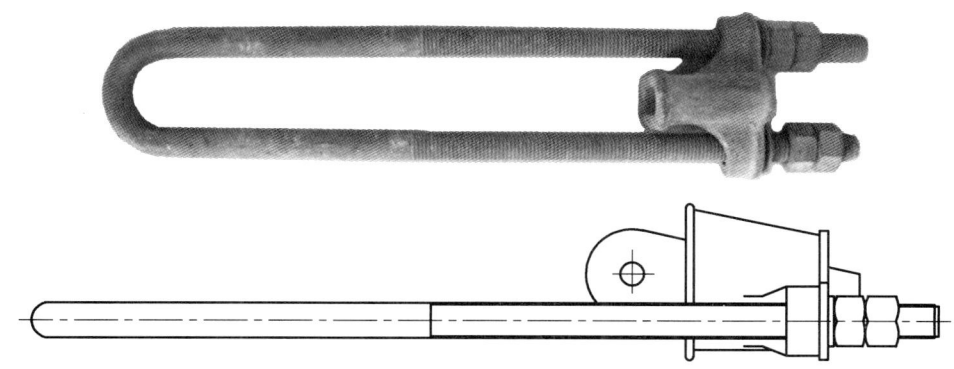

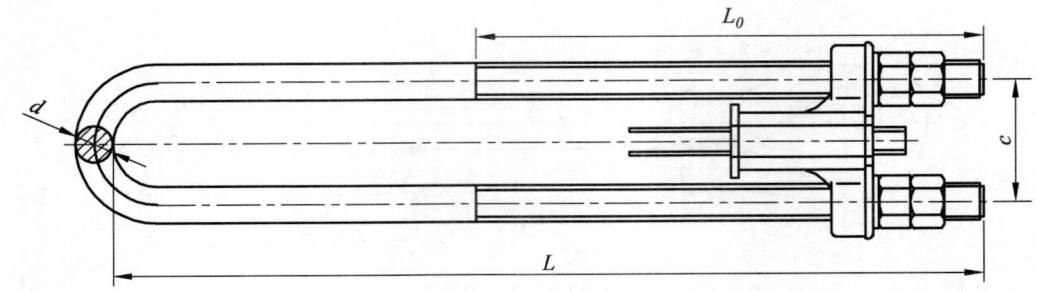

图 2-2-8　UT 型楔形线夹

表 2-2-3　UT 型楔形线夹型号

型号	适用绞线		d（mm）	L（mm）	L_0（mm）	c（mm）	参考质量（kg）
	截面（mm²）	外径（mm）					
UT-1	80	11.5	18	430	250	62	3.2
UT-2	100～120	13.0～14.0	22	500	300	74	5.4

七、接触线终端锚固线夹

适用于电气化铁道接触网中对标称截面为 85 mm²、110 mm²、120 mm²、150 mm² 的铜或铜合金接触导线终端下锚。

接触线终端锚固线夹的外形、实物如图 2-2-9 所示，型号及相关参数见表 2-2-4。

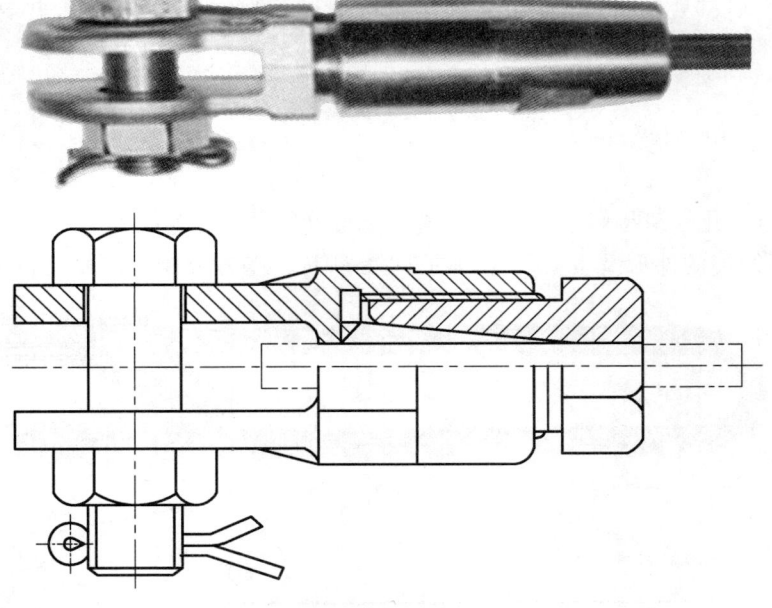

图 2-2-9　接触线终端锚固线夹

- 40 -

表 2-2-4　接触线终端锚固线夹型号

型号	适用范围	参考质量（kg）
TC150	TCG-150	1.04
TC120	TCG-120	1.01
TC110	TCG-110	1.01
TC85	TCG-85	1.02

在接触线终端锚固线夹本体上明显易见而又不降低零件性能的地方，用永久性凸字的方法清晰地标出制造厂代号和产品型号。

八、承力索终端锚固线夹

适用于电气化铁道接触网系统中在硬铜绞线（TJ95～127）承力索或钢绞线（LXGJ80～100）承力索终端下锚处。

承力索终端锚固线夹的外形、实物如图 2-2-10 所示，型号及相关参数见表 2-2-5。

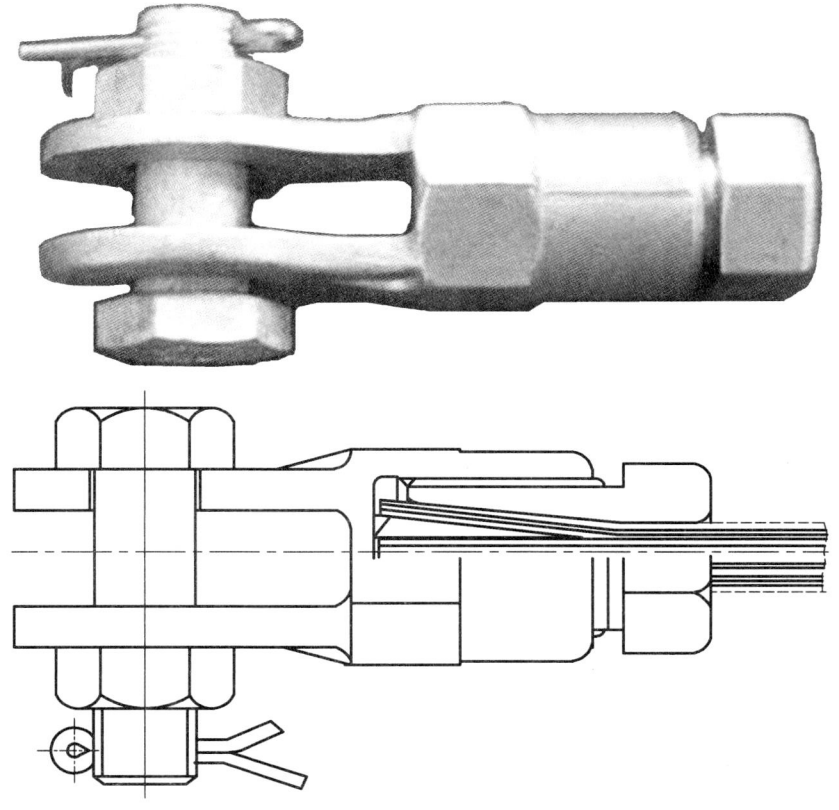

图 2-2-10　承力索终端锚固线夹

表 2-2-5　承力索终端锚固线夹型号

零件型号	适用范围	参考质量（kg）
G100	GJ-100	0.87
G80	LXGJ-80	0.89
T127	TJ-127	0.93
T120	TJ-120	0.93
T95	TJ-95	0.91

在承力索终端锚固线夹本体上明显易见而又不降低零件性能的地方，用永久性凸字的方法清晰地标出制造厂代号和产品型号。

复习思考题

1. 下锚补偿装置由哪些材料组成？
2. 试画出补偿滑轮组的传动比为 1∶2、1∶3、1∶4 的安装示意图。

第三节　接触悬挂材料

接触悬挂包括接触线、吊弦、承力索以及连接零件和绝缘子。接触悬挂通过支持装置架设在支柱上，其功用是将从牵引变电所获得的电能输送给电力机车。

一、接触线吊弦线夹

适用于电气化铁道接触网系统中直径不大于 5 mm 的吊弦分别悬吊标称截面为 85 mm^2、110 mm^2、120 mm^2、150 mm^2 的铜合金接触线或 110 mm^2、85 mm^2 铜接触线处。

接触线吊弦线夹的外形、主要尺寸及实物如图 2-3-1 所示。

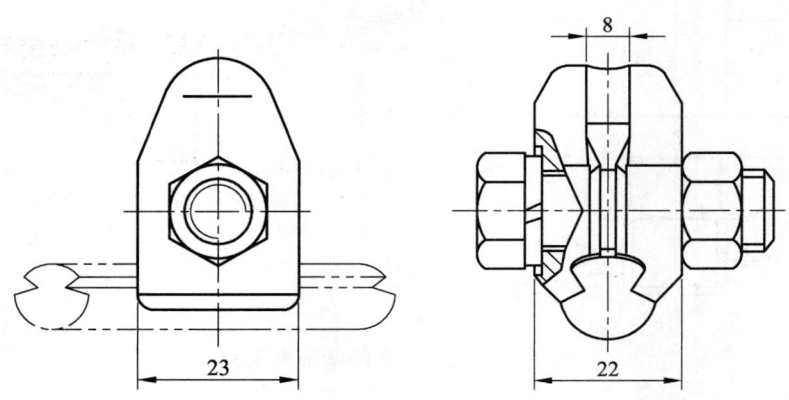

图 2-3-1 接触线吊弦线夹(单位:mm)

接触线吊弦线夹每套参考质量为 0.11 kg;螺栓紧固力矩为 25 N·m。

二、承力索吊弦线夹

适用于在电气化铁道接触网系统中铜承力索上悬吊直径不大于 5 mm 吊弦。

铜绞线承力索吊弦线夹的外形、主要尺寸及实物如图 2-3-2 所示,型号及相关参数见表 2-3-1。

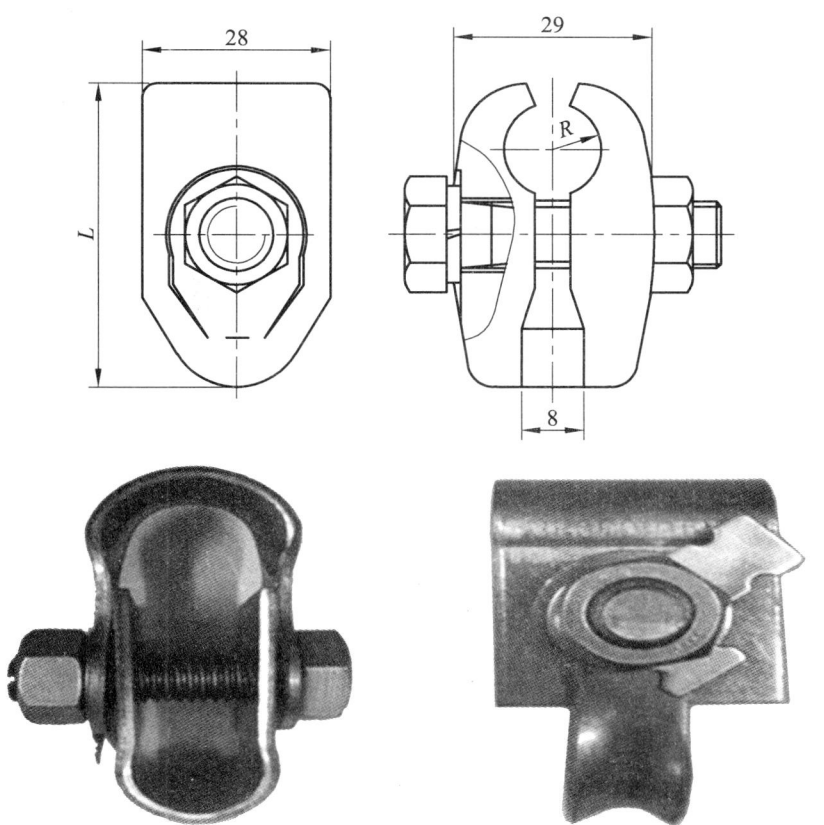

图 2-3-2 承力索吊弦线夹(单位:mm)

表 2-3-1 铜承力索吊弦线夹型号

型号	适用线型	L（mm）	R（mm）	质量（kg）
T1	TJ95	45	6.5	0.10
T2	TJ120、TJ127	47	8.0	0.12

三、横承力索线夹

适用于电气化铁道接触网系统中截面为 50～80 mm² 的软横跨横承力索处悬挂吊线。

横承力索线夹的外形、主要尺寸及实物如图 2-3-3 所示，型号及相关参数见表 2-3-2。

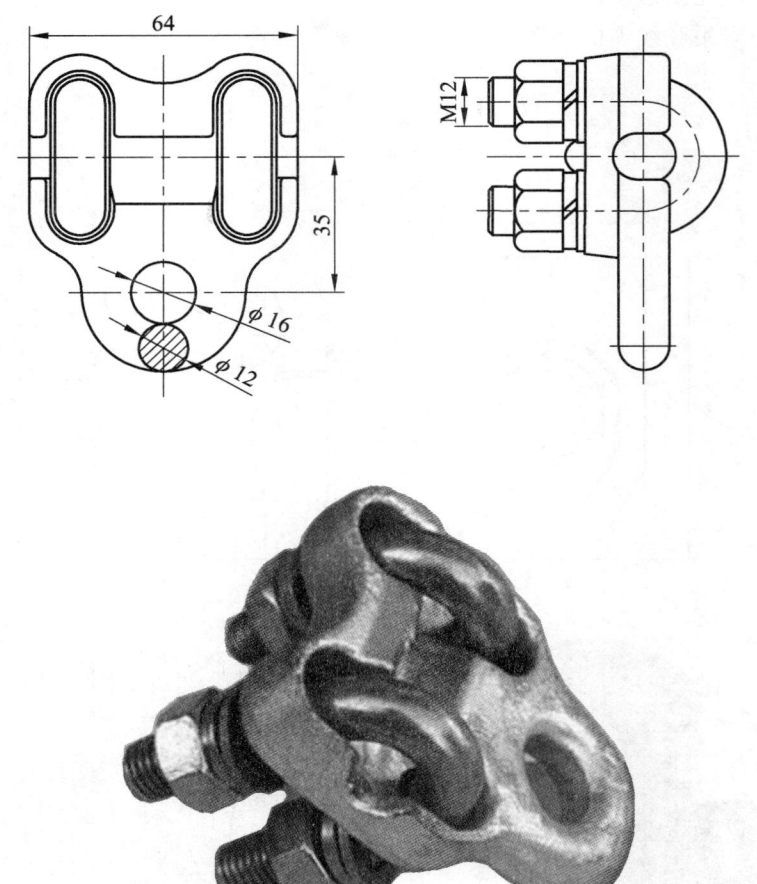

图 2-3-3 横承力索线夹（单位：mm）

表 2-3-2　横承力索线夹型号

型　号	本 体 材 料	参考质量（kg）
G	Q235A	0.58
T	QAl9-4	0.62

四、接触线中心锚结线夹

适用于电气化铁道接触网系统中心锚结处，以标称截面为 50 mm^2 的镀铝锌钢绞线固定标称截面为 85 mm^2、110 mm^2 的铜合金接触线，85 mm^2 或 110 mm^2 的铜接触线。

接触线中心锚结线夹的外形、主要尺寸及实物应符合图 2-3-4 所示。

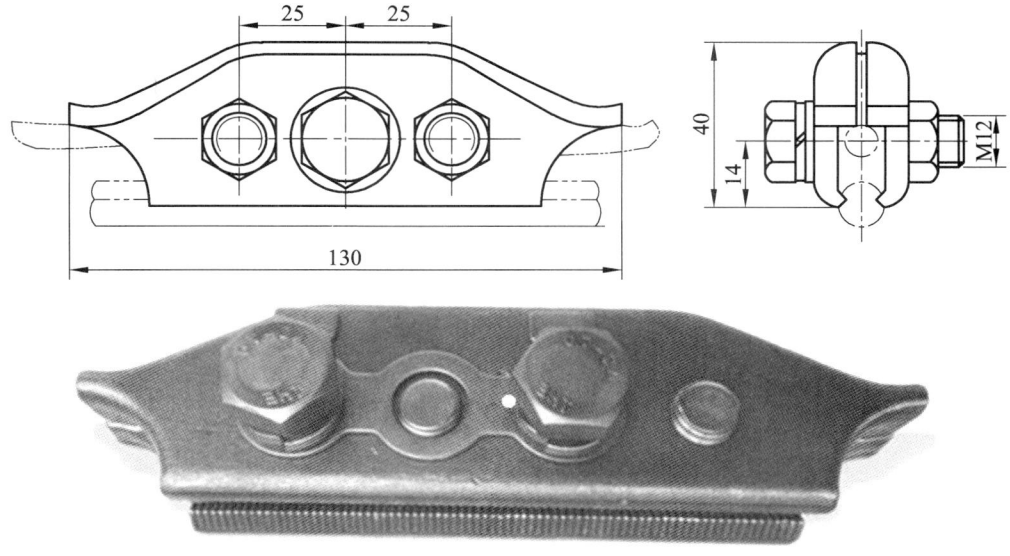

图 2-3-4　接触线中心锚结线夹（单位：mm）

接触线中心锚结线夹每套参考质量为 0.63 kg；螺栓紧固力矩为 44 N·m。

五、承力索中心锚结线夹

适用于电气化铁道接触网系统中心锚结处对铜承力索（TJ-95、120、150）与中心锚结绳（TJ-95）之间的固定和连接。

承力索中心锚结线夹的外形、主要尺寸及实物应符合图 2-3-5 所示，型号见表 2-3-3。

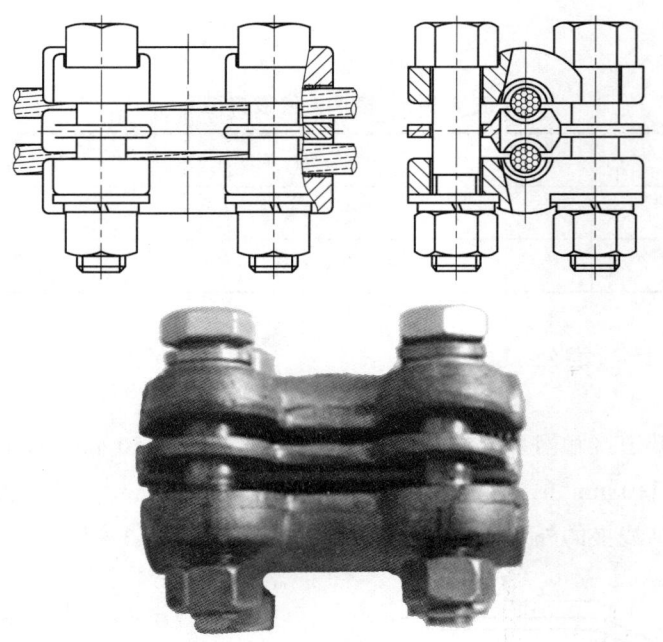

图 2-3-5 承力索中心锚结线夹（单位：mm）

承力索中心锚结线夹螺栓的紧固力矩为 44 N·m。

表 2-3-3 承力索中心锚结线夹型号

零件型号	R_a（mm）	R_b（mm）	适用范围	零件 1、3	零件 2	参考质量（kg）
T150	9.0	7.2	TJ-150 与 TJ-95	QAl9-4	QAl9-4	0.48
T120	8.0	7.2	TJ-120 与 TJ-95			0.46
T95	7.2	7.2	TJ-95 与 TJ-95			0.42

复习思考题

1. 接触悬挂由哪些主要零部件组成？
2. 试说出中心锚结线夹安装在什么位置？

第四节　支持装置材料

支持装置用以支持接触悬挂，并将其负荷传给支柱或其他建筑物。支持装置包括腕臂、水平拉杆、悬式绝缘子、棒式绝缘子及其他建筑物的特殊支持设备。

一、腕臂支持结构

安装在腕臂柱、硬横梁及隧道内用吊柱上，起到承载接触悬挂荷重、固定承力索位置、连接固定接触线定位装置等作用。一般由平腕臂、斜腕臂、套管座、承力索座、腕臂支撑、套管单耳、管帽等组成。

平腕臂用于组成旋转腕臂结构三角形的上部，平腕臂悬臂一端通过铝合金承力索座支撑承力索，另一端与棒式绝缘子相连，通过铝合金套管座与斜腕臂连接。

斜腕臂用于组成腕臂支持结构三角形斜边，斜腕臂一端通过腕臂连接装置与平腕臂相连接，另一端通过棒式绝缘子与下腕臂底座相连接。

电气化铁道高速区段常用的材质如下：

腕臂管、支撑管采用牌号为 6082-T6 的铝合金管。

销钉采用牌号为 6082 的铝合金。套管座本体、套管单耳本体、腕臂支撑用双耳套筒均采用牌号为 AlSi7Mg0.3-T6 的铸造铝合金。

支撑线夹本体及托线夹、压块采用牌号为 AlSi7Mg0.6-T6 的铸造铝合金。

衬垫采用 T2/L3 复合材料；管帽采用 PVC 材料。

连接螺栓采用 A2-70，顶紧螺栓采用 A2-80，螺母、垫圈采用 1Cr18Ni9（新牌号 12Cr18Ni9）。

腕臂支持结构的外形实物如图 2-4-1 所示。

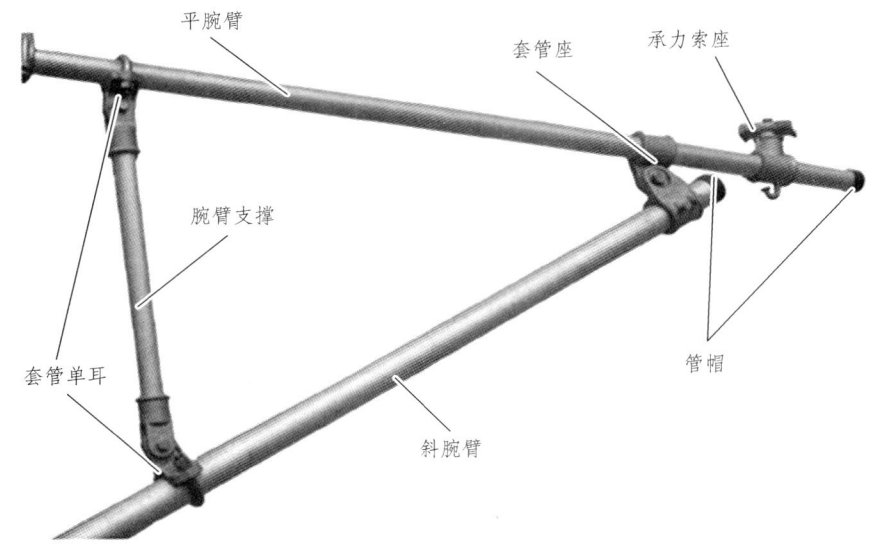

图 2-4-1 腕臂支持结构

二、套管座

本零部件适用于电气化铁道接触网系统中平腕臂和斜腕臂之间的连接。铝合金套管座的材料采用牌号为 AlSi7Mg0.3-T6 的铸造铝合金。套管座结构的外形实物如图 2-4-2 所示。

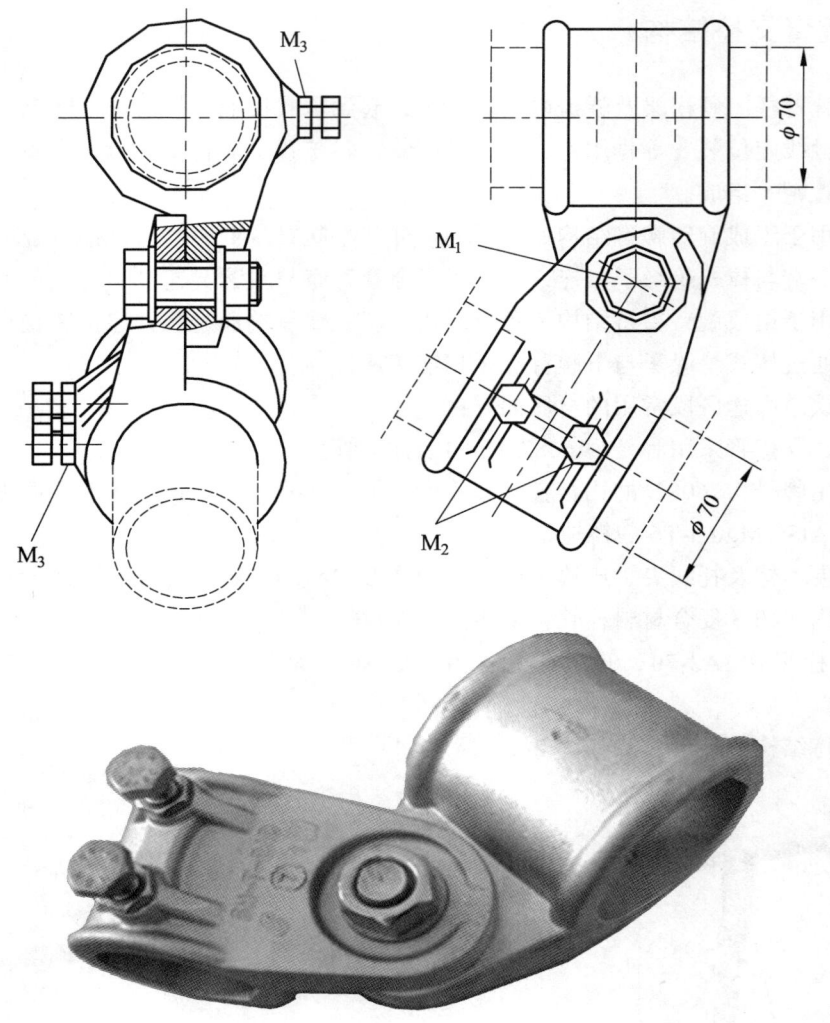

图 2-4-2 套管座（单位：mm）

三、腕臂支撑

腕臂支撑用在平腕臂与斜腕臂之间以增加腕臂的负荷能力，或用在斜腕臂与定位管之间防止定位管向上旋转。支撑管的材料采用牌号为 6082-T6 的铝合金；铝合金套管单耳及双耳套筒的材料采用牌号为 AlSi7Mg0.3-T6 的铸造铝合金。

腕臂支撑的外形结构及实物如图 2-4-3 所示。

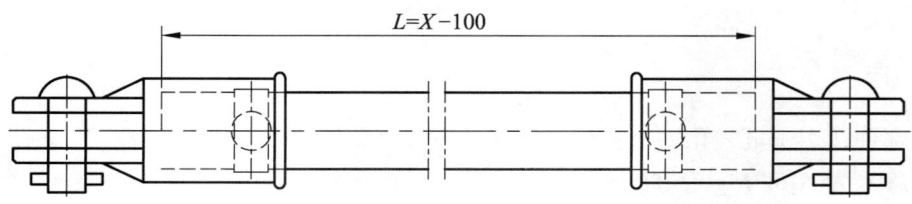

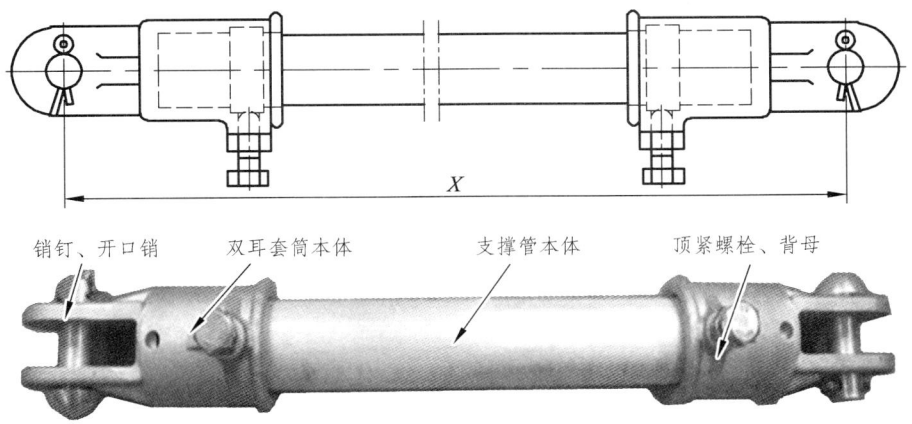

图 2-4-3 腕臂支撑

四、铝合金承力索支撑线夹

本零件适用于电气化铁道接触网系统中平腕臂上悬挂、固定双支或单支承力索。

承力索支撑线夹本体及托线夹、压块的材料采用牌号为 GK-AlSi7Mg0.6-T6 的铸造铝合金；衬垫采用 T2/L3 复合材料。

连接螺栓采用 A2-70，顶紧螺栓采用 A2-80，螺母、垫圈采用 1Cr18Ni9。

铝合金承力索支撑线夹的外形、主要尺寸及实物如图 2-4-4 所示。

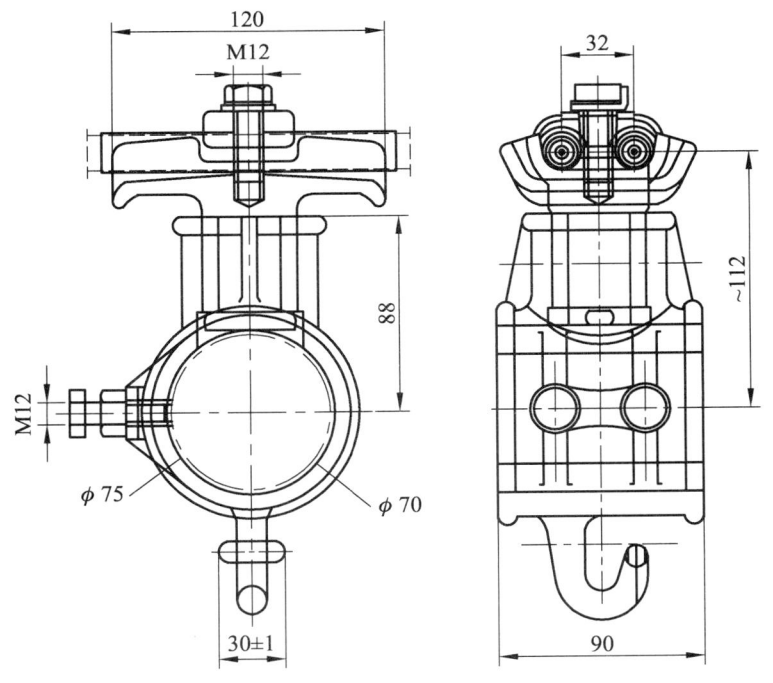

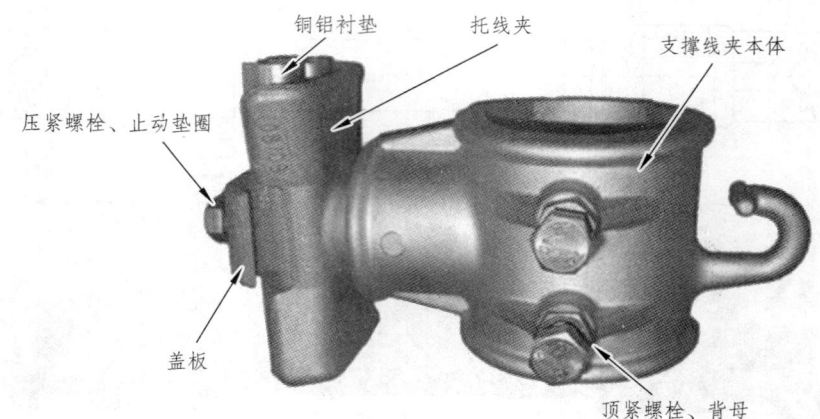

图 2-4-4　铝合金承力索支撑线夹（单位：mm）

螺栓紧固力矩：M12 压紧螺栓紧固力矩：50 N·m。
　　　　　　　M12 顶紧螺丝紧固力矩：50 N·m。

复习思考题

1. 支持装置由哪些主要零部件组成？
2. 试画出平腕臂安装图，并标出零部件名称。

第五节　接触网支柱的分类

接触网支柱按材质分为钢筋混凝土支柱和钢柱两种，具体符号标注含义如下。

一、钢筋混凝土支柱

目前多采用横腹杆式支柱和等径圆形支柱。
（1）横腹杆式支柱型号有 H78/8.7+3，其含义如下：
H——钢筋混凝土支柱；
78——支柱垂直线路方向所能承受的力矩（kN·m）；
8.7——支柱露出地面以上的高度（m）；
3——支柱埋入地下的深度（m）。
注：若分子为两个数字，则第一个数字表示垂直线路方向所能承受的力矩值，第二个数字表示顺线路所能承受的力矩值。
（2）等径圆形支柱，又称为高强度等径预应力钢筋混凝土支柱，例如：GQ80/9+3，其含

义如下：

GQ——高强度支柱（GQ 为"高强"二字的汉语拼音缩写）；
80——支柱容量（kN·m）；
9——支柱露出地面的高度（m）；
3——支柱埋入地面的深度（m）。

二、钢 柱

根据安装地点的不同，钢柱的型号、规格及外形结构也不同。分为格构式钢柱（普通钢柱）、圆形钢柱、H 型钢柱、六棱形钢柱、多棱形钢柱。例如普通钢柱表示如下：G-250/13。

式中 G——钢柱；
250——垂直于线路方向的支柱容量（kN·m）；
13——钢柱本身的高度（m）。

其他型号有 Gs-250/13、Gf-250/13、Gx-250/13。

式中 Gs——双线路腕臂钢柱；
Gf——分腿式下锚钢柱；
Gx——斜腿钢柱；
Gz——窄型钢柱；
GY——圆形钢柱。

三、接触网支柱分类及参数（见表 2-5-1、2-5-2、2-5-3、2-5-4）

表 2-5-1 混凝土支柱参数 1

柱型	支柱长度（m）	质量（kg）	方向	柱顶尺寸（mm）	柱底尺寸（mm）	柱底法兰盘	斜率 mm/m
H38/8.2+2.6	10.8	1 430	大面	280	550		25.0
			小面	200	290		8.3
H38/8.7+2.6	11.3	1 500	大面	267	550		25.0
			小面	196	290		8.3
H38/9.2+2.6	11.8	1 540	大面	255	550		25.0
			小面	192	290		8.3
H60/8.2+3	10.8	1 850	大面	425	705		25.9
			小面	216	291		6.9
H60/8.7+3	11.3	1 950	大面	413	705		25.8
			小面	213	291		6.9
H60/9.2+3	11.8	2 050	大面	400	705		25.8
			小面	210	291		6.9

续表

柱型	支柱长度（m）	质量（kg）	方向	柱顶尺寸（mm）	柱底尺寸（mm）	柱底法兰盘	斜率 mm/m
H78/8.2+3	10.8	1 850	大面	425	705		25.9
			小面	216	291		6.9
H78/8.7+3	11.3	1 950	大面	413	705		25.8
			小面	213	291		6.9
H78/9.2+3	11.8	2 050	大面	400	705		25.8
			小面	210	291		6.9
H93/8.2+3	10.8	1 850	大面	425	705		25.9
			小面	216	291		6.9
H93/8.7+3	11.3	1 950	大面	413	705		25.8
			小面	213	291		6.9
H93/9.2+3	11.8	2 050	大面	400	705		25.8
			小面	210	291		6.9
H90/12+3.5	15.5	4 200	大面	300	920		40.0
			小面	300	403		6.6
H130/12+3.5	15.5	4 200	大面	300	920		40.0
			小面	300	403		6.6
H170/12+3.5	15.5	4 200	大面	300	920		40.0
			小面	300	403		6.6

表 2-5-2　混凝土支柱参数 2

柱型	支柱长度（m）	质量（kg）	方向	柱顶尺寸（mm）	柱底尺寸（mm）	柱底法兰盘（mm）	斜率 mm/m
H150/13	13	3 900	大面	300	820	1100	40.0
			小面	300	387	700	6.7
H200/13	13	3 900	大面	300	820	1100	40.0
			小面	300	387	700	6.7
H250/13	13	3 900	大面	300	820	1100	40.0
			小面	300	387	700	6.7
H150/15	15	4 600	大面	300	900	1160	40.0
			小面	300	400	760	6.7
H200/15	15	4 600	大面	300	900	1160	40.0
			小面	300	400	760	6.7
H250/15	15	4 600	大面	300	900	1160	40.0
			小面	300	400	760	6.7
H300/15	15	4 600	大面	300	900	1160	40.0
			小面	300	400	760	6.7
H350/15	15	4 600	大面	300	900	1160	40.0
			小面	300	400	760	6.7

表 2-5-3 钢柱参数

柱型	支柱长度（m）	方向	主角钢尺寸（mm）	柱顶尺寸（mm）	柱底尺寸（mm）	斜率 mm/m
GZ13	13	大面	∠100*100*18			
		小面	∠100*100*18			
GZ15	15	大面	∠100*100*18	400	800	26.7
		小面	∠100*100*18	300	600	20.0
G13	13	大面	∠80*80*8	500	1 000	38.5
		小面	∠80*80*8	400	600	15.4
G15	15	大面	∠80*80*8	400	1 200	53.3
		小面	∠80*80*8	400	800	26.7
T550/20	20	大面	∠100*100*18	400	1 200	40.0
		小面	∠100*100*18	400	800	20.0
G650/20	20	大面	∠125*125*12	600	1 800	60.0
		小面	∠125*125*12	600	1 000	20.0
G9	9	大面	∠60*60*5			
		小面	∠60*60*5			
G9.5	9.5	大面	∠60*60*5			
		小面	∠60*60*5			
G10	10	大面	∠60*60*5			
		小面	∠60*60*5			
G10.5	10.5	大面	∠60*60*5			
		小面	∠60*60*5			
G11	11	大面	∠60*60*5			
		小面	∠60*60*5			
X10	10	大面	∠60*60*5			
		小面	∠60*60*5			
X10.5	10.5	大面	∠60*60*5			
		小面	∠60*60*5			
X11	11	大面	∠60*60*5			
		小面	∠60*60*5			

表 2-5-4 锥型圆杆参数

柱型	支柱长度（m）	梢径（mm）	根径（mm）	斜率 mm/m
60～100/11Φ243	11	243	390	13.4
60～100/11Φ270	11	270	417	13.4
60～100/12Φ270	12	270	430	13.3
60～100/13Φ270	13	270	443	13.3
60～100/11Φ310	11	310	475	15.0
60～100/14Φ310	14	310	496	13.3
Φ170		170		10.0
Φ190		190	310	10.0

复习思考题

1. 接触网支柱有哪几种分类？
2. 试说出 H78/8.2+3、G650/20 各个参数的含义。

附表一：接触网各种线材参数一览表

一、接触线

接触线主要参数一览表

序号	名称	型号	标称截面（mm²）	计算截面（mm²）	载流量≥（A）	拉断力≥（kN）	伸长率≥（%）	扭转(至破坏)≥（圈数）	参考单位质量（kg/km）
1	纯铜接触线	CT	85	86	440	31.82	2.7	3	769
2		CT	110	111	530	39.95	3	3	992
3		CT	120	121	560	41.75	3	3	1 082
4		CT	150	151	590	51.79	3.3	3	1 350
5	银铜合金接触线	CTHA	85	86	600	28.64	2.5	5	769
6		CTHA	110	111	710	35.96	2.8	5	992
7		CTHA	120	121	750	38.12	2.8	5	1 082
8		CTHA	150	151	800	47.02	3	5	1 350
9	镁铜合金接触线	CTM	110	111		43.96	3	5	992
10		CTM	120	121		46.83	3	5	1 082
11		CTM	150	151		57.08	3	5	1 350
12		CTMH	110	111		49.95	3	5	992
13		CTMH	120	121		53.36	3	5	1 082
14		CTMH	150	151		63.87	3	5	1 350

二、承力索

铜镁合金硬绞线的结构尺寸及性能参数

序号	型号	标称截面（mm²）	计算截面（mm²）	绞线结构根数/直径（mm）	绞线外径±5%（mm）	参考单位质量±8%（kg/km）	拉断力≥kN	载流量≥（A）
1	THJ	10	10.02	7/7.35	4.1	90	5.88	75
2	THJ	16	15.89	7/1.70	5.1	143	9.33	100
3	THJ	25	24.25	7/2.10	6.3	218	14.24	130
4	THJ	35	34.36	7/2.50	7.5	310	20.17	160
5	THJ	50	49.48	7/3.00	9	446	28.58	200
6	THJ		48.35	19/1.80	9	437	28.39	200
7	THJ	70	65.81	19/2.10	10.5	596	38.64	245
8	THJ	95	93.27	19/2.50	12.5	845	54.76	305
9	THJ	120	116.99	19/2.80	14	1 060	67.57	350
10	THJ	150	147.11	37/2.25	15.8	1 337	86.37	410
11	THJ	185	181.62	37/2.50	127.5	1 649	106.63	465
12	THJ	240	242.54	61/2.25	20.3	2 209	142.4	560
13	THJ	300	299.43	61/2.50	22.5	2 725	175.8	635

硬铜绞线的结构尺寸参数（DIN48201）

序号	型号	标称截面（mm²）	计算截面（mm²）	根数	单线直径（mm）	绞线外径±5%（mm）	综合拉断力≥（kN）	参考单位质量±8%（kg/km）
1	TJ	10	10.2	7	1.35	4.1	4.02	90
2	TJ	16	15.89	7	1.7	5.1	6.37	143
3	TJ	25	24.25	7	2.1	6.3	9.72	218
4	TJ	35	34.36	7	2.5	7.5	13.77	310
5	TJ	50	49.48	7	3	9	19.84	446
6	TJ		48.35	19	1.8	9	19.38	437
7	TJ	70	65.81	19	2.1	10.5	26.38	596
8	TJ	95	93.27	19	2.5	12.5	37.39	845
9	TJ	120	116.99	19	2.8	14	46.9	1060
10	TJ	150	147.11	37	2.25	15.8	58.98	1337
11	TJ	185	181.62	37	2.5	17.5	72.81	1649
12	TJ	240	242.54	61	2.25	20.3	97.23	2209
13	TJ	300	299.43	61	2.5	22.5	120.04	2725
14	TJ	400	400.14	61	2.89	2.6	160.42	3640
15	TJ	500	499.83	61	3.23	2.91	200.38	4545

三、电联结线

软铜绞线的结构尺寸及性能参数（DIN43138）

序号	型号	标称截面（mm²）	计算截面（mm²）	根 数	单线直径（mm）	绞线外径±5%（mm）	抗拉强度≥（N/mm²）	参考单位质量±8%（kg/km）
1	TJR	16	16.3	49	0.65	5.9	300	152
2	TJR	25	26.1	133	0.5	7.5	300	246
3	TJR	35	37.6	133	0.6	9	300	353
4	TJR	50	51.2	133	0.7	10.5	300	482
5	TJR	70	72.7	189	0.7	13	300	685
6	TJR	95	99.7	259	0.7	14.7	300	935
7	TJR	120	118.5	336	0.67	16.4	300	1 120
8	TJR	150	150.1	392	0.7	18.3	300	1 420
9	TJR	185	185.1	525	0.67	20.4	300	1 745
10	TJR	210	209.8	595	0.67	21.5	300	1 980
11	TJR	240	245.2	637	0.7	23.1	300	2 320
12	TJR	300	296.6	637	0.7	25.4	300	2 800

附表二：接触网连接螺栓紧固力矩标准

接触网连接螺栓紧固力矩标准

序号	标准代号	名称	螺栓直径（mm）	螺栓紧固力矩（N·m）
1	TB2075.5—90	定位线夹	10	25
2	TB2075.6—90	铝定位线夹	10	25
3	TB2075.7—90	吊弦线夹	10	25
4	TB2075.8—90	铝吊弦线夹	10	25
5	TB2075.9—90	中心锚结线夹	12	44
6	TB	接触线电连接线夹	12	44
7	TB	电连接线夹	12	44
8	TB2075.10—90	支持器	12	44
9	TB2075.11—90	长支持器	12	44
10	TB2075.12—90	定位环	U 螺栓 M12	44
11	TB2075.13—90	长定位环	U 螺栓 M12	44
12	TB2075.14—90	套管双耳	U 螺栓 M16	70
13	TB2075.15—90	套管绞环	16	70
14	TB2075.16—90	杵座鞍子	U 螺栓 M10	25
15	TB2075.17—90	钩头鞍子	U 螺栓 M10	25
16	TB2075.18—90	定位环线夹	J 型螺栓 M12	44
17	TB2075.19—90	单横承力索线夹	U 螺栓 M12	44
18	TB2075.4—90	双横承力索线夹	U 螺栓 M12	44
19	TB2075.30—90	接地线夹	钩螺栓 M16	59
20	TB2075.31—90	接地线连接线夹	12	25
21	TB2075.41—90	钩螺栓	钩螺栓 M16	59
22	TB2075.51—90	定滑轮装置	底座 U 螺栓 M16	59
23	TB2075.53—90	承锚角钢	22	98
24	TB2075.54—90	线锚角钢	22	98
25	TB2075.23—90	压管	M10/M12	25/44
30	TB2075.68—90	长定位立柱	U 螺栓 M16	70
31		螺栓式可调吊弦	10	25

第三章　安全工作规程

本章根据铁道电气化接触网工作现场情况及作业难易程度，通过逐步学习铁路安全知识及《普速铁路接触网安全工作规则》（以下简称"安规"）相关内容，并在施工过程中得到正确的应用。要求掌握能够提高自我保护意识的条款。

第一节　铁路工作安全基本常识

一、铁路工作中常见的事故分类

在铁路生产及施工现场中，经常出现的习惯性人身伤亡事故，根据其事故发生的特点分为以下5种：

（1）车辆伤害事故：指企业机动车辆在行驶中出现的人体坠落和物体倒塌、下落、挤压而引发的人身伤亡事故。

（2）电击伤事故：是指人体与电源直接接触后电流进入人体，造成机体组织损伤和功能障碍而导致的人身伤亡事故（临床上除表现在电击部位的局部损伤，也可引起全身性损伤，主要是心血管和中枢神经系统的损伤，严重的可导致心跳呼吸停止）。

（3）物体打击事故：指由失控物体的惯性力造成的人身伤亡事故。物体打击会对建筑工作人员的安全造成威胁——容易砸伤，甚至出现生命危险。特别是在施工周期短，劳动力、施工机具、物料投入较多，交叉作业时经常出现。这就要求在高处作业的人员对机械运行、物料传接、工具的存放过程中，都必须确保安全，防止物体坠落伤人事故的发生。

（4）高空坠落事故：在施工现场高空作业中，如果未防护、防护不好或作业不当都可能发生人或物的坠落。人从高处坠落的事故，称为高处坠落事故。

（5）交通事故：是指车辆在道路上因过错或者意外造成人身伤亡或者财产损失的事件。交通事故不仅是由不特定的人员违反交通管理法规造成的，也可以是由地震、台风、山洪、雷击等不可抗拒的自然灾害造成。

二、铁路人身安全十不准

在铁路运输行业中,根据管理设备不同分为不同的维护管理部门,如电务、通信、供电、工务等部门;又根据工人作业特点及环境的不同分为信号工、通信工、接触网工和养路工等工种。只要从事铁路行业,"铁路人身安全十不准"是必须要掌握的最基本的安全知识。其具体内容如下:

(1)不准不设好防护就开始作业。
① 所有可能来车的方向均应设行车防护。
② 所有可能来电的方向均应设接地保护。
(2)不准不瞭望就穿越线路。
(3)不准飞上飞下,扒车代步。
(4)不准跨骑翻越动态中的车辆。
(5)不准在动态的车辆中调整钩位、摘接风管。
(6)不准违反规定在电化区段攀登洗刷机车车辆上部。
(7)不准不戴安全带、安全帽,不设防护网,不穿防护服作业。
(8)不准未搭好脚手架,未放稳梯凳就开始作业。
(9)不准携带笨重工具和材料登高作业。
(10)不准钻车或在车辆下乘凉、坐卧、休息。

三、电气方面相关知识

(1)高压是指对地电压在 250 V 以上,如 10 kV 电力线路、25 kV 接触网线路等。
(2)低压是指对地电压在 250 V 及以下,如 380/220 V 三相四线制居民生活用电线路、旅客列车上直流 220/110 V 电源等。
(3)安全电压是指对人体不会引起生命危险的电压,我国规定的高度危险的建筑物中,电压不高于 36 V 为安全电压,在特别危险的建筑物中规定不高于 12 V 为安全电压。
(4)跨步电压是指电气设备外壳或电力系统一相发生接地短路时,电流从接地处四散流出,在地面上形成不同的电位分布,人在走近接地处时,两脚间就受到在地面上不同点之间的电位差。当跨步电压达到 40 V 以上时,将产生触电危险。

四、电气化铁道接触网作业相关知识

"天窗"的概念:是指列车运行图中不铺画列车运行线或调整、抽减列车运行,为营业线施工和维修作业预留的时间。铁路部门为了检修接触网设备,需要停电作业,在停电期间就没有列车通过,这样在列车运行图(不同时间列车走行区段)就会有一段空白(没有列车走过的线条),故形象地叫"天窗"。运行图上纵坐标是区间,横坐标是时间,当某个时间段没车通过,图上就是空白的。

(1)所谓垂直天窗,是指在双线路自动闭塞区段对接触网进行检修作业时,上、下行线路在同时间内全区段同时停电,检修完毕后同时送电工作,在列车运行图中表现为一矩形空白"天窗",称为矩形天窗,也叫垂直天窗。

(2)所谓的"V"形天窗,是一种形象的说法和比喻。在行车调度员安排的列车运行图中给出的列车空余间隙,也就是天窗点就像一个大大的"V"字模样,所以就简称为"V"形天窗。具体到工作现场,"V"形天窗就是在复线区段(也就是在有上行线路和下行线路中同时行车的区段),仅仅只是上行线停电或下行线停电,而不影响到另一条线路行车的情况。

(3)高速铁路综合维修天窗的设置。

为了保证行车安全,高速铁路运行图一般在夜间设置 5~6 h 的综合维修天窗,对线路、通信信号和供电等设备进行综合维修。

复习思考题

1. 铁路工作中常见的事故分类有哪几种?
2. 铁路人身安全十不准内容是什么?
3. "天窗"的概念是什么?分为哪几种?

第二节　初级阶段安全知识

通过本阶段的学习,学员努力提高自我控制的能力,这是保证安全生产的重要环节。

在铁道电气化供电专业中,接触网施工和维修作业均需团队合作完成,这个独立的作业团队就是一个作业组。在整个作业组中包含着工作领导人、监护人、高空作业人员及辅助人员、防护人员等。那么这些人员在作业过程中应该注意哪些问题呢?下面我们将一一进行讲解。

(1)在作业组整个作业过程中,工作领导人是作业组的最高负责人,他对作业组全部工作负责,要对整个作业进行合理的分工和安排。同时要求作业组成员既要服从工作领导人的安排,又要对不明白的事宜提出异议,每一名成员都要明白自己要做什么工作,怎样做好本职工作。

《安规》中对作业组成员的职责要求如下:

第 29 条　作业组成员要服从工作领导人的指挥、调动,遵章守纪。对不安全和有疑问的命令,要及时果断地提出,坚持安全作业。

在这里强调一下,作业组成员对操作过程有不明白的,或者说没有干过的项目也叫作"有疑问",应当及时果断地提出,严禁私自调换岗位,违章蛮干。

（2）作业组成员在整个作业过程中，应时刻保持警惕，增强自我的安全意识。每个人要自觉地佩戴好个人的劳动保护用品，《安规》中也做出了明确要求如下：

第12条　在进行接触网作业时，作业组全体成员须穿戴有反光标识的防护服、安全帽。作业组有关人员应携带通信工具并确保联系畅通。在夜间、隧道内或光线不足处所进行接触网作业时，必须有足够的照明灯具。

所有的工具和安全用具，在使用前均须进行检查，符合要求后方准使用。

应注意，安全帽反戴着、歪戴着、不系帽带均属于违章作业，严禁压、坐安全帽。

（3）接触网设备大部分通过支柱架设在铁路上空，那么因为盲目攀登支柱而引发的人身伤亡事故也屡见不鲜。所以《安规》中对攀登支柱也做出了详细的要求，攀登支柱注意事项如下：

第44条　攀登工具应在出库前检查状态良好，安全用具完好合格。攀登支柱前要核对支柱号，检查支柱状态，观察支柱上有无其他设备，选好攀登方向和条件。

攀登支柱前一定要核对支柱号码是否与作业组分工分配相一致，切不可马虎大意。因为，其一是每个支柱的装配形式各有不同，如果出错会造成窝工、返工现象的发生，延误工期的同时也造成不安全因素的产生；其二在已经运营的场地作业，复线区段01号支柱和02号支柱上的接触网设备所受电的供电臂不同，易造成电击伤事故的发生。

第45条　攀登支柱时（要报告），要手把牢靠，脚踏稳准，尽量避开设备并与带电设备保持规定的安全距离。用脚扣和踏板攀登时，要卡牢和系紧，严防滑落。

特别是新参加工作的人员，往往在核对支柱无误后由于心理上的紧张，在防护未做好的情况下急于登杆作业。一定要报告给监护人，在监护人确认各种防护措施可靠无误后，方可登杆。攀登时要按规定着装，佩戴齐全劳保防护用品，不应携带重物攀登。

（4）在整个作业组成员中，行车防护人员是要求独立完成防护工作的，要求其责任心强，要有很强的应急应变能力。《安规》中也对防护人员提出了具体的要求如下：

第113条　作业过程中，联络员、现场防护人员与工作领导人之间必须保持通信畅通并定时联系，确认通信良好。一旦联控通信中断，工作领导人应立即命令所有作业人员下道，撤至安全地带。

不同作业组分别作业时，不准共用现场防护人员。在未设好防护前不得开始作业，在人员、机具未撤至安全地点前不准撤除防护。

接触网作业时，除在车站运转室（或信号楼）设驻站联络人及时掌握列车运行情况并通知作业组，使之适时避让列车。另外在作业组两端可能来车的方向均设有行车防护人保持联系畅通，在执行任务时不得侵入限界，其安全等级不低于3级。行车防护人员，要求手拿防护旗（夜间使用防护灯）和对讲机，防护人员在防止机车车辆伤害方面起着非常重要的作用。

（5）电气化铁路中相关信号的显示方法。

① 紧急停车信号的显示方法。

当接触网断线侵入建筑限界，危及行车安全时应立即向列车方向发出停车信号：昼间展开红色信号旗，夜间显示红色灯光。

在无信号旗或信号灯的情况下，昼间可向列车开来方向两臂高举头上向两侧急剧摇动，夜间用白色灯光上、下急剧摇动，或在线路旁点燃篝火，迫使列车在故障地点前方停车。

② 接触网设备发生故障时升降弓信号的显示方法。

突然发现接触网故障，需要机车临时降弓通过时，发现的人员应在规定地点显示下列手势信号：

A. 降弓信号显示方法：

昼间——左臂垂直高举，右臂前伸并左右水平重复摇动。

夜间——白色灯光上下左右重复摇动。

B. 升弓信号显示方法：

昼间——左臂垂直高举，右臂前伸并上下重复摇动。

夜间——白色灯光做圆形转动。

（6）验电接地。

在接触网停电作业前，为了防止接触网带电侧出现感应电、误送电及电力机车误闯分段绝缘器等原因对作业人员造成电击伤事故，应做好作业范围内验电接地保护措施。

接触网验电接地作业执行一人操作、一人监护制度。《安规》中对验电接地明确规定：

第 76 条　作业组在接到停电作业命令后须先验电接地，然后方可进行作业。

第 78 条　使用验电器验电的有关规定：

① 必须使用同等电压等级的验电器验电，验电器的电压等级为 25 kV。

② 验电器具有自检和抗干扰功能，自检时具有声、光等信号显示。

③ 验电前自检良好后，现场检查确认声、光信号显示正常（有条件的，可在同等电压等级有电设备检查其性能），然后再在停电设备上验电。

④ 在运输和使用过程中，应确保验电器状态良好。

在对接触网停电设备进行验电确认无电后，方可进行接挂地线操作。

首先，出库前要对接地线进行认真选择和检查，严禁使用病态工具及防止接触不良现象发生。

第 79 条　接地线应使用截面积不小于 25 mm 的裸铜绞线制成并有透明护套保护。接地线不得有断股、散股和接头。

其次，在操作过程中，应始终视接地线为带电状态，通过绝缘工具进行正确操作。

第 81 条　在装设接地线时，先将接地线的一端接地；再将另一端与被停电的导体相连。拆除接地线时，其顺序相反。接地线要连接牢固，接触良好。

装设接地线时，人体不得触及接地线，接好的接地线不得侵入未封锁线路的限界。作业范围内加挂的接地线不得影响正常作业。装设或拆除接地线时，操作人要借助于绝缘杆进行。绝缘杆要保持清洁、干燥。

最后，在操作过程中也应注意以下几点：

① 到达现场后未设好防护不得进行地线下部连接。

② 地线下部连接前应用钢丝刷对接地线处所的钢轨进行打磨以便保证接触良好。

③ 地线上部接挂接触网带电侧位置时，宜避开与接触线连接。应优先考虑接挂在支持装

置处腕臂或定位管上,如软横跨地段无腕臂,则应接设在定位器上。

(7)倒闸作业。

电气设备分为运行、备用、检修三种状态。将设备由一种状态转变为另一种状态的过程叫倒闸。通过操作隔离开关、断路器以及挂、拆接地线将电气设备从一种状态转换为另一种状态或使系统改变了运行方式,这种操作称之为倒闸作业。

接触网对隔离开关进行倒闸作业,《安规》中也有严格要求。

第98条 接触网倒闸作业执行一人操作、一人监护制度。

第104条 操作人员接到倒闸命令后,必须先确认开关位置和开合状态无误,再进行倒闸。倒闸时操作人员必须戴好安全帽和绝缘手套,穿绝缘靴,操作准确迅速,一次开闭到位,中途不得停留和发生冲击。

第107条 严禁带负荷进行隔离开关倒闸作业。严禁利用隔离(负荷)开关对故障线路进行试送电。

隔离(负荷)开关可以开、合不超过 10 km(接触网延展千米)线路的空载电流,超过时,应经过试验,并经铁路局批准。

复习思考题

1. 作业组成员的职责内容是什么?
2. 攀登支柱的注意事项有哪些?
3. 怎样做好行车防护?都有哪些规定?
4. 接挂地线操作步骤是什么?
5. 怎样正确进行倒闸作业?

第三节 中级阶段安全知识

通过本节的学习,接触网作业人员在高空作业过程中相互配合、相互监督、相互提醒的意识将得到提高,这是保证安全生产的关键环节。

在上一节我们主要讲解了接触网作业中常识性的注意事项及要求。由于接触网设备均是架设在铁路上空的,高空作业人员的安全也是整个作业组中危险性最高的,"离地三米无安全"也说明了高空作业人员安全防护措施的重要性。

一、接触网作业前的相关措施

《安规》中第38条明确规定,凡在距离地(桥)面 2 m 及以上的处所进行的作业均称为高空作业。

接触网设备属于露天设备，处于无备用运行状态。它的工作环境也随着天气的变化而变化，依照我国安全生产"安全第一，预防为主"的管理方针，为了保证人身安全万无一失，对此也制定了相对应的安全规定。

《安规》第 9 条规定：**遇有雷电时（在作业地点可见闪电或可闻雷声）禁止在接触网上作业。**

普速铁路在 160 km/h 以上区段且线间距小于 6.5 m 的线路上进行作业时，应办理邻线列车限速 160 km/h 及以下申请，得到车站值班员同意作业的签认后，方可作业。

因为雷电是由带有不同电荷的云团发生放电形成的自然现象，一旦雷电落在接触网上就会产生过大的电压，会对在网上作业的人员造成电击伤害。所以《安规》中明确规定，**雷电天气严禁接触网作业。**

二、接触网高空作业时的安全措施

（1）为了防止高空人员在作业过程中不慎掉落工具材料，对下部人员造成物体打击的人身安全事故，特要求内容如下：

《安规》第 40 条　**高空作业使用的小型工具、材料应放置在工具材料袋（箱）内。作业中应使用专门的用具传递工具、零部件和材料，不得抛掷传递。**

《安规》第 47 条　**使用车梯进行作业时，应指定车梯负责人，工作台上的人员不得超过两名。所有的零件、工具等均不得放置在工作台的台面上。**

（2）为了保证高空人员自身的安全，防止高空坠落事故给人员造成的伤害，正确使用安全带是高空人员最有效的保护措施。

《安规》第 41 条　**高空作业人员作业时必须将安全带系在安全牢靠的地方。**

一名优秀的接触网工，首先要保证安全带所要系的位置牢固可靠，做到"高挂低用"，并且在作业过程中尽量减少更换安全带所系位置的操作。很多事故，都是在更换安全带位置的时候发生的。

（3）接触网设备在保证电气方面的要求符合外，机械受力方面也不可忽视。当在铁道线路曲线区段及锚段关节下锚转交等处时，接触网线索转向角度大，此处承受的力量也很大。在这些地点进行作业时，如果处理不当，极易发生弹线伤人事故。所以，高空人员在作业的时候，一定要注意设备的受力状态，避让线索的受力方向，避免一旦发生意外造成线索弹线伤人事故的发生。《安规》中对此现象也做出了相应的规定：

第 42 条　**进行高空作业时，人员不宜位于线索受力方向的反侧，并采取防止线索滑脱的措施。在曲线区段调整接触网悬挂时，要有防止线索滑移的后备保护措施。**

（4）在接触网作业中，登梯作业也是常用的高空作业方式之一，它需要上下人员的密切配合。下面地勤人员必须时刻关注高空人员的状态，并给予妥当的配合，不可盲目操作，否则易发生危险。

推行梯车时，必须保持车辆处于稳定状态。在接触网作业现场因为推行梯车速度过快、急剧起停车，碰撞异物发生的事故也是让人深恶痛绝的。所以，在日常工作中，我们一定要深刻吸取教训，作业前要对梯车质量、状态进行检查，保证其状态良好；作业中按规定进行操作，严禁盲目操作，否则易发生危险。《安规》中也做出了相应的规定。

第 48 条　作业中推动车梯人员应服从工作台上人员的指挥。当车梯工作台面上有人时，推动车梯的速度不得超过 5 km/h，并不得发生冲击和急剧起、停车。工作台上人员和车梯负责人应呼唤应答，配合妥当。

第 49 条　车梯负责人和推车梯人员，应时刻注意和保持车梯的稳定状态。当车梯在曲线上或遇大风时，对车梯要采取防止倾倒的措施；当外轨超高≥125 mm 或风力达五级以上时，未采取固定措施禁止登车梯作业；当车梯在大坡道上时，应采取防止滑移的措施；当车梯放在道床、路肩上或作业人员的重心超出工作台范围作业时，作业人员应将安全带系在接触网上；车梯在地面上推动时，工作台上不得有人停留。

第 51 条　当用梯子作业时，作业人员应先检查梯子是否牢靠；要有专人扶梯，梯子支挂点稳固，严防滑移；梯子上只准有 1 人作业。

在线索上作业时，梯子上端应设有保护拉绳。梯子与地面要保持一定的安全角度，一般为 55°~75°。用人字梯时，必须设有限制角度的平衡绳。

复习思考题

1. 高空作业的定义是什么？
2. 推行车梯的注意事项有哪些？

第四节　高级阶段安全知识

为保障接触网作业过程关键环节的人身安全，作业组监护人员对作业对象进行监护作业时提出有针对性的要求，并直接指导控制其作业过程顺利完成，这是保证人身安全的主要环节。

监护人员要根据现场实际情况，对已经或者可能发生的违章现象，对可能出现的事故或者故障的发生，要具有预见性，并有权利提出命令式制止、指正的行为，以保证人身安全。

一、工作领导人是一个作业组的核心人物，对整个作业组的人身安全负责，作业前要求做好以下工作

（1）作业前必须召开预想会，分工明确，让全体作业组成员明确作业地点、范围、作业内容及安全措施。

① 确认作业内容、地点、时间、作业组成员等均符合工作票提出的要求。

② 确认作业采取的安全措施正确、完备。

③ 检查落实工具、材料准备，与安全员（安全监护人）共同检查作业组成员着装、工具、劳保用品，确保齐全合格。

（2）在整个作业项目的实施过程中，对工作领导人要求如下：

① 要时刻注意作业组成员和机具的状态，对不安全的因素及时纠正和提出，制止违章作业。

② 和防护人员时刻保持联系畅通，随时准备避让车辆。

③ 时刻在作业现场，如有短时间离开，必须指定临时负责人（安全等级不低于工作领导人），否则停止作业，将人员和机具撤离安全地带。

二、接触网作业监护人的职责和要求

（1）应具有相关的工作经验，熟悉设备情况和接触网工作规则。

（2）应认真了解作业方案及安全措施，如有疑问须及时联系方案的编写制定人，必要时应根据现场实际情况增加安全措施。

（3）应明确被监护人员和监护范围，工作前对被监护人交代安全措施，告知危险点及安全注意事项。

（4）监护人应始终在作业现场，监督被监护人员遵守《安规》及现场安全措施，及时提醒和纠正不安全行为。

（5）监护人不得兼顾其他工作。

（6）监护人离开时，被监护人应停止作业或者撤离作业现场，待返回后方可继续作业。

三、冬季寒冷天气接触网作业时应增设相应的安全措施

（1）严寒地区要注意保暖，推扶梯车时应佩戴带棉手套，两手要相互交替推扶，防止冻伤。

（2）要佩戴防寒安全帽，棉耳要打开，防止障碍听力发生事故。穿戴防寒大衣不能敞开，避免挂扯，发生危险。

（3）作业时要注意防滑，梯车平台要增设防滑垫，高空作业时间不宜过长，要适当轮换操作。

四、接触网检修车作业注意事项

接触网维修作业车是专门用于电气化铁路接触网维修和施工的特种作业车辆。至少由两辆作业车和一辆平板货车组成一列车组，作业车上有升降平台和走行动力装置，附带还有起重吊臂；平车上放置有电缆绞盘及其他材料工件。在其工作过程中一般维修为单台作业，可以提高维修效率。为保证接触网作业车安全作业，《安规》中明确规定：

（1）接触网作业车出车前，司机应认真检查车辆和行车安全装备、防护备品齐全良好，

并与作业人员检查通信工具,确保联络畅通。

(2)作业前接触网作业车司机应掌握作业范围和内容并进行安全预想,作业和运行过程中应集中注意力。

(3)接触网作业车分解作业时,须提前明确每台车的作业范围,以及作业完毕后停留车列和运行连挂车辆的位置,工作领导人和司机应熟悉和掌握。接触网作业车进入封锁区间前及作业完毕返回车站时,司机应认真核对调度命令,确认信号,按规定联控。司机和工作领导人要根据调度命令及作业地点,拟订区间返回的时刻,并严格执行。

(4)使用接触网作业车作业时,应指定作业平台操作负责人,作业平台不得超载。工作领导人必须确认地线接好后,方可允许作业人员登上接触网作业车的作业平台。作业车平台应设置随车等位线,在完成作业平台和工作对象设备等电位措施后,方可触及和进行作业。

(5)作业人员上、下作业平台应征得作业平台操作负责人的同意。接触网作业车移动或作业平台升降、转向时,严禁人员上、下。V形停电作业时,所有人员禁止从未封锁线路侧上、下作业车辆。作业平台应具有平台转向限位装置,作业前应将限位装置打至正确位置,作业平台严禁向未封锁的线路侧旋转。

(6)接触网作业车作业平台防护门关闭时应有闭锁装置,作业中须锁闭好作业平台的防护门,作业完毕后及时放下防护栏杆。

(7)外轨超高≥125 mm 区段人员需在作业平台上作业时,作业平台应具有自动调平装置并开启调平功能。

(8)作业人员的重心超出作业平台防护栏范围作业时,须将安全带系在牢固可靠的部位。

(9)司机(或在平台上操纵车辆移动的人员)须精力集中,密切配合,在移动车辆前应注意作业车及作业平台周围的环境、设备、人员和机具等情况,与附近的设备保持规定的安全距离。作业平台上的所有人员在车辆移动中应注意防止接触网设备碰剐伤人。

(10)作业平台上有人作业时,作业车移动的速度不得超过 10 km/h,且不得急剧起、停车。

(11)作业中作业车的移动应听从作业平台操作负责人的指挥。平台操作负责人与司机之间的信息传递应及时、准确、清楚,并呼唤应答。接触网检修作业车出车前,司机应认真检查车辆和行车安全装备,确保状态良好,并与作业人员检查通信工具,确保联络畅通。

复习思考题

1. 冬季寒冷天气接触网作业时应增设哪些相应的安全措施?
2. 作业车作业有哪些注意事项?

第五节　人身伤亡事故的抢救

一、出现跨步电压事故，应采取的抢救方法指南

电气设备碰壳或电力系统一相接地短路时，电流从接地极四散流出，在地面上 8~10 m 范围内形成不同的电位分布，人在走近短路地点时，两脚之间产生的电位差叫跨步电压。

跨步电压的危害：当跨步电压达到 40~50 V 时，将使人有触电危险，特别是跨步电压会使人摔倒进而加大人体的触电电压，甚至会使人发生触电死亡事故。

在电气化铁路上，下列带有 25 kV 的高电压的设备部件有：接触网及其相连接的部件；电力机车主变压器的一次侧；接触网支柱及其金属构件上。当接触网的绝缘损坏，且未安装接地线或接地线损坏时会带有高电压。

脱离有跨步电压危险区的方法：跨步电压从落地点向远处，电压逐渐下降，人在这个范围内（接触网断线接地不小于 10 m），两脚的距离越大，两脚间的电位差就越大。尽量避开电线下落的地方，应单足或并双足跳离危险区；亦可沿半径垂直方向小步慢慢退出，以降低两脚之间的电压差，从而减小电击伤害的可能。

二、发生高空坠落事故，应采取的抢救方法指南

（1）去除伤员身上的用具和口袋中的硬物。

（2）在搬运和转送过程中，颈部和躯干不能前屈或扭转，而应使脊柱伸直。绝对禁止一个抬肩一个抬腿的搬法，以免发生或加重截瘫。

（3）创伤局部应妥善包扎，但对颅底骨折和脑脊液漏患者切忌作填塞，以免导致颅内感染。

（4）颌面部伤员首先应保持呼吸道畅通，撤除假牙，清除移位的组织碎片、血凝块、口腔分泌物等，同时松解伤员的颈、胸部纽扣。若舌已后坠或口腔内异物无法清除时，用舌钳固定：① 将舌拉向一侧；② 清除异物；③ 保证其呼吸道畅通。

（5）复合伤要求平仰卧位，保持呼吸道畅通，解开衣领扣。

（6）周围血管伤，压迫伤部以上动脉干至骨骼，可直接在伤口上放置厚敷料，绷带加压包扎以不出血和不影响肢体血循环为宜，常有良好止血效果。当上述方法无效时要慎用止血带，原则上尽量缩短使用时间，一般以不超过 1 h 为宜，做好标记，注明上止血带时间。

（7）有条件时迅速给予静脉补液，补充血容量。

（8）快速平稳地送医院救治，同时拨打 120，请医院做好抢救准备。

三、发生物体打击事故，应采取的抢救方法指南

（1）发生物体打击事故后，抢救的重点放在对颅脑损伤、胸部骨折和出血上进行处理。

并马上组织抢救伤者脱离危险现场，尽快送医院进行抢救治疗，以免再发生损伤。

（2）在移动昏迷的颅脑损伤伤员时，应保持头、颈、胸在一直线上，不能任意旋曲。若伴颈椎骨折，更应避免头颈的摆动，以防引起颈部血管神经及脊髓的附加损伤。

（3）观察伤者的受伤情况、受伤部位、伤害性质，如伤员发生休克，应先处理休克。遇呼吸、心跳停止者应立即进行人工呼吸；处于休克状态的伤员要让其安静、保暖、平卧、少动。

（4）出现颅脑损伤，必须维持呼吸道通畅。昏迷者应平卧，面部转向一侧，以防舌根后坠或分泌物、呕吐物吸入，发生喉阻塞。有骨折者，应初步固定后再搬运。

（5）防止伤口污染。在现场，相对清洁的伤口可用浸有双氧水的敷料包扎。污染较重的伤口，可简单清除伤口表面异物，剪除伤口周围的毛发（切勿拔出创口内的毛发及异物、凝血块或碎骨片等），再用浸有双氧水或抗生素的敷料覆盖包扎创口。

（6）在运送伤员到医院就医时，昏迷伤员应侧卧位或仰卧偏头，以防止呕吐后误吸。对烦躁不安者可因地制宜地予以手足约束，以防伤及开放伤口。脊柱有骨折者应用硬板担架运送，勿使脊柱扭曲，以防途中颠簸使脊柱骨折或脱位加重，造成或加重脊髓损伤。

四、发生电击伤事故，应采取的抢救方法指南

（1）在高压场地发现有人触电时，首先应使触电者迅速脱离电源，然后根据现场情况立即采取以下措施：

① 如隔离开关距触电者较近，应立即拉开关，切断电源。

② 如隔离开关距触电者较远，来不及切断电源时，救护人员应穿着绝缘鞋，戴绝缘手套，使用绝缘棒使触电者脱离电源。

③ 采用抛线短路法，即用一根金属导线，一端先牢固地接在钢轨上，另一端抛掷挂在接触网上，迫使其电源跳闸。抛线地点应距触电者靠牵引变电所一侧 10 m 以外，并注意防止短路电流伤人。

在低压网路中，如果距离开关较远，可用绝缘棒挑开电线或用干燥绝缘的物品把触电者推离电源。

（2）抢救过程中操作人员应注意的事项：

① 在未切断电源前，不可以赤手与触电者身体直接接触。

② 断电的同时要做好防止触电者再次摔倒的防护措施。

③ 如因为断电而影响事故地点照明时，应尽快采取临时照明措施，如应急灯、手电筒等。

（3）抢救方法按照以下四种情况进行：

① 伤员未失去知觉时，应安放在空气流通、温暖处安静休息，同时请医生治疗。

② 伤员已经失去知觉，但呼吸及脉搏没有停止，应安放在同上处所，解开衣裤，使其呼吸顺畅，并迅速请医生治疗。

③ 伤员已经失去知觉，呼吸困难，应立即进行人工呼吸。

人工呼吸方法很多，有口对口吹气法、俯卧压背法、仰卧压胸法等，其中以口对口吹气

式人工呼吸最为方便和有效。口对口吹气法：此法操作简便，容易掌握，而且气体的交换量大，接近或等于正常人呼吸的气体量，对大人、小孩效果都很好。

口对口人工呼吸法操作方法：A. 首先使病人仰卧，头部后仰，先吸出口腔的咽喉部分分泌物，以保持呼吸道通畅。B. 急救者蹲于患者一侧，一手托起患者下颌，另一手捏住患者鼻孔，将患者口腔张开，并敷盖纱布，急救者先深吸一口气，对准患者口腔用力吹入，然后迅速抬头，并同时松开双手，听有无回声，如有则表示气道通畅。如此反复进行，每分钟14~16次左右，直到自动呼吸恢复。如果病人口腔有严重外伤或牙关紧闭时，可对其鼻孔吹气（必须堵住口）即口对鼻吹气。救护人吹气力量的大小，依病人的具体情况而定。一般以吹进气后，病人的胸廓稍微隆起为最合适。口对口之间，如果有纱布，则放一块叠两层厚的纱布，或一块一层的薄手帕。但注意，不要因此影响空气出入。

仰卧压胸人工呼吸法操作方法：A. 先将患者衣扣和腰带松开，呈仰卧位，背部垫高，头偏向一侧，呼吸道保持通畅。B. 急救者蹲于患者一侧或跪于患者大腿两侧，面向患者头部，双手手指分开，拇指向内，横放于两侧肋弓上面。两臂伸直，上身前倾，借身体重力推压患者胸部使气体排出，两秒钟后急救者松开双手，上身挺起；经两秒钟后，待患者胸廓自行扩张，空气吸入肺内，如此反复操作，每分钟16~20次。

④ 当伤员失去知觉且呼吸和心脏停止跳动，可能是假死现象，应立即进行人工呼吸及心脏按压直至救活或经医生诊断确已死亡为止。

第四章　接触网图纸

接触网施工图是国家铁路局颁布的电气化铁路接触网用图形符号表示的具体描述接触网结构和技术参数、设备安装位置的布置图，它综合了接触网结构、设备、设计计算、平面图绘制等知识，集中反映了接触网设计的主要技术原则，是接触网施工和运营维护的主要技术依据。接触网安装图主要汇集了接触网所有设备部件的用途、机械性能、安装方法、安装标准等一系列重要参数。平面图与安装图两者相辅相成，是施工单位施工的主要依据。接触网平面图、安装图的识图及使用对于接触网工尤为重要，是接触网工应掌握的基本功。

第一节　接触网平面图

接触网平面图体现了电气化铁道的技术性能、设备安装位置、技术参数等重要内容，工程单位将依据平面图进行接触网施工，建设单位则组织施工、设计和维修部门共同根据接触网平面图及铁路有关施工规范、验收标准进行验收、交接，对施工质量进行审查、评定及开通后的维修管理。

本标准适用于校内接触网实训基地平面图；采用的线条宽度规定为以下三种：粗型，宽度为 0.9 mm；中型，宽度为 0.6 mm；细型，宽度为 0.3 mm。符号中所注尺寸均以 mm 计，适用于比例尺 1∶1 000 及 1∶2 000 的接触网平面图。

接触网平面图中表格栏的项目如图 4-1-1 所示（详见洛铁平面 00-LT-01），接触网平面图图例符号见表 4-1-1。

1. 支柱编号

下行为单号，上行为双号。

2. 侧面限界

支柱侧面限界指轨平面处支柱内缘至相邻线路中心的距离，其值随线路曲线半径不同而变化，且在任何情况下不得小于 2 440 mm。

第四章 接触网图纸

支柱号	26	25	24	23	22	21	20	19	18	17	16	15	14	13	12	11	10	9	8	7	6	5	4	3	1	2
侧面限界	0	0	0	3.1	3.1	对3进3.1 对1进2.8	3.1	3.1	3.1	3.1	3.1	3.1	3.1	3.1	3.1	3.1	3.1	3.1	3.1	3.1	3.1	3.1	对3进2.8 对1进2.8	0	0	0
支柱类型	H93	H93	H93	G200/13	G200/13	GHT240A/8	H93	H78	H78	H78	H78	H78	H78	H78	H78	100tφ350/8+1.5	100tφ350/8+1.5	H78	H78	BGZ-5-9	BGZ-5-9	GZ450/15	GHT240A/8	H78	H78	H78
安装图号	1001-03 1001-02 1001-03	1001-03	1001-03	1S 5 5 1001-05	8 5 1S	1005-01 1005-02 1003-02	1002-02 1003-05	1002-02 1003-05		1004-01 1003-04		1001-03 1004-03 1003-03 1001-03		1001-07 1004-02 1004-02 1001-06		1002-02 1002-02	1002-02 1002-02	1002-02 1002-02		1002-01 1005-01 1001-04		1002-02 1005-01			1001-02 1001-02 1001-03	

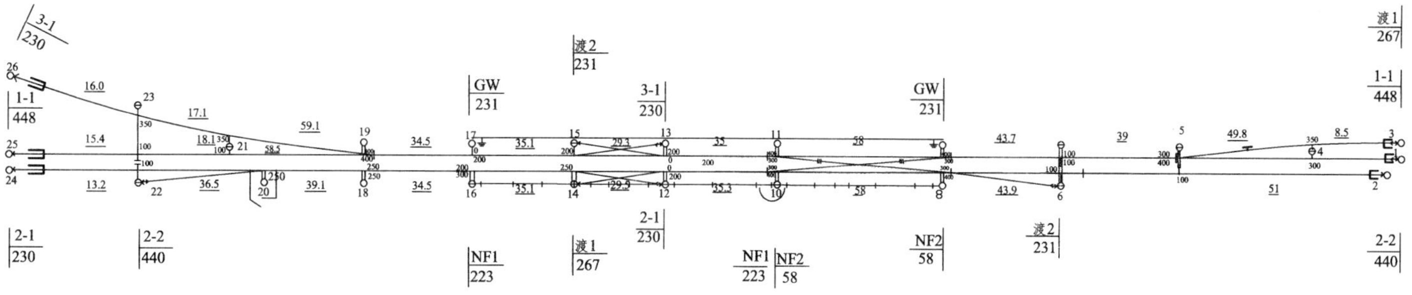

图 4-1-1

洛阳铁路信息工程学校实训基地
接触网平面布置图

图号 洛铁网培60-LT-01
比例
日期 2013.12
第1张 共1张

说明：
1. 本图坐标系依据站场平面图设计。
2. 接触悬挂采用链形接触悬挂方式。
3. 供电方式采用单边供加回流方式。
4. 支持装置采用腕臂、软硬横跨装置。

—||— 分段绝缘器　　◯ 混凝土支柱　　♀ 钢支柱

3. 支柱类型

支柱类型表示支柱的材质、型号、容量及数量。

4. 地质情况

地质情况表示支柱所在位置的地质状态,如土壤的种类,挖、填方等。–100 为挖方,+100 为填方。

5. 基础类型

基础类型表示所选用的基础或横卧板类型及数量。

6. 软横跨节点

软横跨节点共有 14 种,要按照从上到下的原则进行填写,填写时应注意与相应的软横跨支柱和各股道定位对齐。

7. 安装图号

根据支柱所在线路位置、用途、型号等情况直接从"接触网安装图"上查出。填写时应写在该支柱和设备图例的正下方。

8. 附加导线

标注接触网附加悬挂的安装高度和安装参考图号,如回流线、正馈线、保护线、供电线等。

9. 附 注

附注栏填写在平面图中出现特殊情况时的说明,如特殊设计说明等。

表 4-1-1 接触网平面图图例

序号	名 称	符 号
1	电化的正线(区间图中允许用中型线条)	———————— (粗)
2	电化的站线及段管线等	———————— (中)
3	非电化既有线路	— — — — — — (中)
4	预留线路	———————— (细)
5	接触悬挂非工作支,供电线及分区亭引出线	———————— (细)
6	加强线	———————— (细)
7	回流线	—┼—┼—┼—┼— (细)
8	正馈线(AF 线)	—— — —— — —— (细)

续表

序号	名　称	符　号
9	保护线（PW线）	——— − − − − − − ———（细）
10	架空地线（GW线）	——— − − − − − ———（细）
11	接触线硬锚，供电线及分区亭引出线下锚	◄———————
12	承力索硬锚	⟨———————
13	接触线补偿下锚	◄———————►
14	承力索补偿下锚	⟨———————⟩
15	链形悬挂硬锚	⟨◄———————
16	半补偿链形悬挂下锚	⟨◄———————►
17	全补偿链形悬挂下锚	⟨◄———————►⟩
18	加强线下锚	◄—— − − − − − −—
19	回流线下锚	◄——┼——┼——┼——
20	正馈线（AF线）下锚	◄—— − − − − − −—
21	保护线（PW线）下锚	◄—— − − − − − −—
22	架空地线（GW线）下锚	◄—— − − − − − −—
23	区间曲线及头尾： R—曲线半径（m）；L—曲线全长（m）；l—缓和曲线长（m）	R-L-l ↕2
24	站场曲线及头尾： R—曲线半径（m）；L—曲线全长（m）；l—缓和曲线长（m）	R-L-l
25	拉出值300 mm，书写位置即为拉出方向。也可不注"300"，用半箭头表示，箭头指向即为拉出方向	300（或 ←— ）
26	拉出值150 mm（除"300"允许用半箭头表示外，其余均应写出数值），书写位置即为拉出方向	150
27	区间单线腕臂钢筋混凝土柱	→3←

续表

序号	名　称	符　号
28	区间单线腕臂钢柱	
29	站场单线腕臂钢筋混凝土柱	$d=\dfrac{2.5(1/2\,000)}{4.0(1/1\,000)}$
30	站场单线腕臂钢柱	
31	站场单线定位钢筋混凝土柱	
32	站场双线腕臂钢柱	
33	站场钢筋混凝土柱软横跨	
34	站场钢柱软横跨	
35	站场钢柱硬横跨	
36	非绝缘锚段关节	
37	绝缘锚段关节	
38	半补偿链形悬挂中心锚结、简单悬挂中心锚结	
39	区间全补偿链形悬挂中心锚结	
40	站场全补偿链形悬挂中心锚结（虚线为锚结绳）	
41	分段绝缘子串	
42	分段绝缘器	
43	分相绝缘器	
44	股道间电连接	
45	常分隔离开关	
46	常合隔离开关	
47	常分的带接地闸刀的隔离开关	
48	常合的带接地闸刀的隔离开关	
49	管形避雷器	

续表

序号	名　称	符　号
50	区间隧道	
51	站场隧道	
52	隧道内非绝缘关节（全补偿链形悬挂下锚）	
53	隧道内绝缘关节（全补偿链形悬挂下锚）	
54	上承式桥梁及设计电化线路在上面的立交桥、拱桥等	
55	下承式栓焊桥梁	
56	小桥、涵洞	
57	设计电化线路在下面的立交桥	
58	架空水槽、水管	
59	天桥	
60	地道	
61	渡沟	
62	雨棚	

续表

序号	名　称	符　号
63	仓库	
64	站房	
65	路肩挡墙	
66	托盘式路基墙	
67	有限界门的平交道	
68	区间长（短）链标记	114.5
69	回流线跨越接触悬挂	
70	吸上线位置	
71	吸流变压器	
72	水鹤	
73	进站高柱色灯信号机	
74	通过高柱色灯信号机	
75	区间公里标	K180
76	机车检查坑	
77	接触网起测点	
78	接触网工区	

续表

序号	名　称	符　号
79	区间横向电连接	
80	振流变压器	
81	AT区段双极隔离开关	
82	AT区段区间AF、PW线在钢柱悬挂	
83	AT区段站场AF、PW线在钢筋混凝土柱悬挂	
84	AT区段区间AF、PW线在钢筋混凝土柱悬挂	
85	架空线在站场钢筋混凝土柱悬挂	
86	道岔编号及型号5-38	5-38
87	跨距长度（m）	65
88	AT区段AF、PW线在钢筋混凝土支柱下锚。AF_1-2 380.00：AF_1表示馈线第一锚段；2 380.00表示锚段长度 PW_1-2 380.00：PW_1表示保护线第一锚段；2 380.00表示锚段长度	AF_1- 2 380.00　　AF_3- 1 965.00 PW_1- 2 380.00　　PW_3- 1 965.00
89	接触悬挂锚段下锚。 4：表示锚段号 1 286.08：表示锚段长度（m）	4-1 286.08
90	土壤安息角	30°
91	土壤承压力（MPa）	200
92	火花间隙	
93	放电器	
94	接地极	

复习思考题

1. 试画出四跨绝缘锚段关节俯视图。
2. 试画出校内接触网俯视图及平面图。

第二节　接触网安装图

接触网安装图是为进行接触网电气设备和连接零部件标准化安装服务的，在安装图中可显示出导线高度、拉出值、设备安装高度、设备安装方式等接触网主要参数。接触网作为电气化铁路中无备用设备，其重要性已日益为人们所认识，虽颁布有规程规范，但在接触网设计形式和结构方面不尽相同，采用的设备及零部件也不尽相同，下面就我校接触网实训演练场部分安装图进行简单介绍。

1. 下锚安装图

下锚安装图的主要内容有接触网全补偿简单链型悬挂补偿坠砣安装曲线、无补偿下锚、全补偿下锚、锚柱拉线等，并对本线路支柱类型的选用、接触线高度及结构高度的参数设计、线材的类型、绝缘子的选用、零件的选用进行了详细说明。

2. 锚段关节安装图

本安装图主要显示接触网全补偿简单链型悬挂四跨形式绝缘锚段关节转换柱、中心柱的安装。

3. 软横跨安装图

本安装图主要对站线支持装置软横跨各种典型的接触悬挂节点通过示意图显示出来，详细介绍不同支柱类型节点的选用及对各种节点的作用进行了详细的说明。

4. 设备安装图

本安装图涵盖了隔离开关、电连接、分段绝缘器、回流线、架空地线、避雷器、线岔等各种接触网设备安装图。主要对各种接触网设备的结构形式、安装参数、安装技术标准进行详细的说明。

5. 道岔安装图

本安装图对于接触网简单链型悬挂道岔处两支接触悬挂的安装方式（L型、Y型、LY型）及定位悬挂进行详细的说明。

复习思考题

试画出软横跨安装示意图，并标出节点形式。

第五章　个人操作项目

个人项目的学习及操作，是熟练掌握接触网专业知识及提高个人技能最有效的环节。

第一节　直线正定位平腕臂组装

一、需具备的主要知识

（1）查看图纸：通过平面图查看安装图，并根据安装图要求进行配料。
（2）掌握基本工具的使用方法：能够正确使用扭矩扳手；掌握各部螺栓的力矩标准。
（3）认识零部件的名称及使用范围。

二、实训目的及要求

（1）熟悉平腕臂各零部件名称。
（2）掌握平腕臂地面组装方法。

三、实训内容

（1）工具材料的准备（单人项目）。
① 工具准备（见表5-1-1）。

表 5-1-1

序号	名　称	规格	单位	数量	备　注
1	钢卷尺	5 m	把	1	
2	活动扳手	250 mm	把	2	
3	梅花扳手	17～19	把	2	
4	克丝钳	200 mm	把	1	
5	记号笔	黑色	个	1	
6	扭矩扳手		把	1	配套筒头（6～30）

② 材料准备（见表 5-1-2）。

表 5-1-2

序号	代号及型号	零件名称	单位	数量	备注
1	JL67-03	下底座槽钢	套	1	
2	JL28（T）-89	T型旋转腕臂底座	套	1	
3	JL83-O3	压管底座	套	1	
4	JL61（P）2005	平腕臂	套	1	
5	JL14（ZG60）-04	ZG60型套管双耳	套	4	
6	JL07（HT2）-89	HT2型管帽	套	1	
7	JL18-2002	承力索支撑线夹	套	1	
8	JL375（410）-03	410型定位管支撑	件	1	
9	JL35（$1\frac{1}{2}$）-89	$1\frac{1}{2}$型定位管卡	套	1	
10	JL63（A2）-89	A2型定位器	套	1	
11	JL9901-01	定位线夹	套	1	
12	JL12（G60）-O4	G60型定位环	套	1	
13	JL61（X）-2005	单耳腕臂	件	1	
14	QBN2-25D	棒式绝缘子	套	1	
15	JL375-03	定位管支撑	件	1	
16	JL07（HT$1\frac{1}{2}$）-89	HT$1\frac{1}{2}$型管帽	套	1	

（2）组装平腕臂的施工流程（见图 5-1-1）。

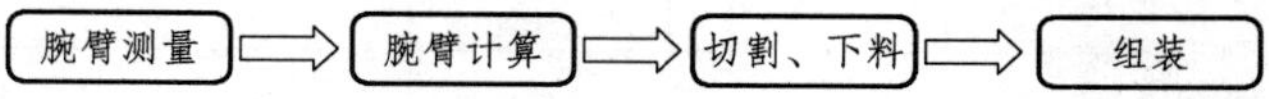

腕臂测量 ⟹ 腕臂计算 ⟹ 切割、下料 ⟹ 组装

图 5-1-1

（3）预配方法。

① 运用勾股定理来计算斜腕臂的长度，如图 5-1-2（b）所示。

第五章　个人操作项目

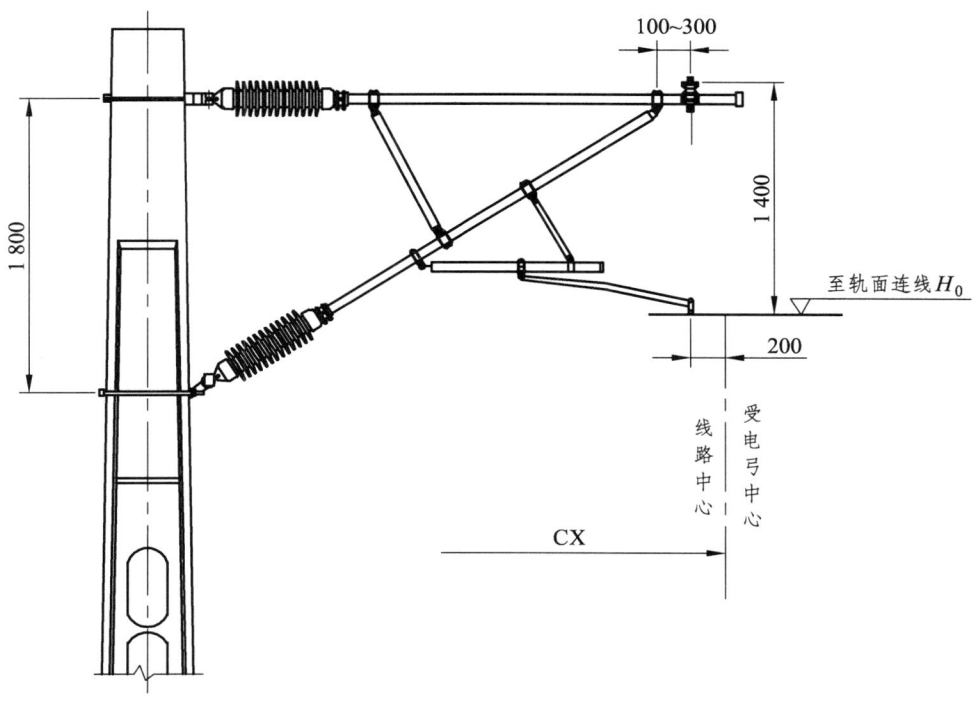

（a）

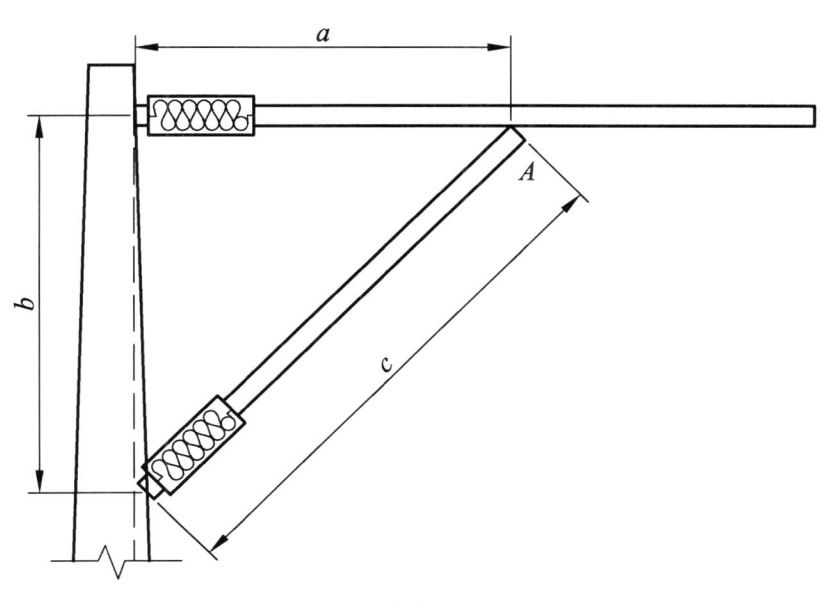

（b）

图 5-1-2

$$c = \sqrt{a^2 + b^2}$$

b 值根据现场安装图进行确定，a、c 值需扣料（扣料长度=棒式绝缘子+腕臂底座）。

上底座高度 = H + 结构高度

下底座高度 = 上底座高度 − 两底座间距

② 根据安装示意图 5-1-2（a）所示，选出所用材料。

③ 根据计算出的腕臂尺寸，对平腕臂管、斜腕臂管进行切割下料并标明站、区名称和支柱号（转换柱、中心柱、道岔柱标明安装方向）。

④ 按照安装图的尺寸要求，进行平腕臂各部件的组装、紧固（加固时用扭矩扳手，紧固力矩按配件生产厂家要求进行加固）。

四、组装技术标准

（1）根据所提供的图纸正确选择腕臂组装所需材料。

（2）根据材料各部螺栓正确选择所需工具。

（3）所有组装尺寸按照图纸要求进行，尺寸误差控制在标准范围内。

（4）各部螺栓按照标准力矩进行紧固（详见第二章附表二）。

五、注意事项

（1）腕臂组装前进行选料时，应检查各个零部件是否良好，铸件若有裂纹，严禁使用；绝缘子应按照规定检查，若有裂纹或破损，不得使用；零部件的活动部分应保证灵活。

（2）装配后，腕臂上的棒式绝缘子压板 U 型螺栓应朝上，即钢锚压板在上方。为保证这一点，预配时应注意套管双耳与棒式绝缘子的相对位置，应使套管双耳部分与流水孔在同一条直线上。

（3）组装完毕，检查各部螺栓、螺帽、套管双耳、棒式绝缘子压板等是否紧固；若不紧固，应再次拧紧，以保证不会滑动（最后使用力矩扳手检测）。

（4）安装时，应避免上、下两层同时作业（必须同侧时，要加强监护）。上下工作人员分别位于支柱的两侧，杆上必须系安全带。安全带使用前应检查，杆上传递料具应用绳索系牢，不许抛掷。

（5）所有作业人员必须正确佩戴好安全帽。

表 5-1-3 接触网中间柱支持装置预配（百分制）

班级：　　　　　姓名：　　　　　成绩：

项目	操作要求及评分标准	扣分情况	扣分	得分
时间 (20分)	1. 准备时间为 5 min，超出时间计入组装时间。 2. 组装时间为 30 min，每超 10 s 扣 1 分；超时 3 min 停止作业			
质量 (50分)	一、一般缺陷，每处扣 3 分，尺寸要求每超出 20 mm 每处扣 2 分。 1. 零部件安装齐全，规格、型号符合要求。 2. 各处螺栓紧固、均匀、方向正确。 3. 开口销打开应不小于 60°。 4. 平腕臂呈水平状态，允许仰头 100 mm。 5. 两底座间距允许误差为 20 mm。 6. 定位管呈水平状态，允许仰头 30 mm。 7. 承力索座位置正确，误差为 50 mm。 8. 接触线位置正确，误差为 30 mm。 9. 腕臂管安装入绝缘子底部 90 mm。 10. 零部件相对位置应正确，误差小于 20°。 二、严重缺陷，每处扣 10 分或失格。 1. 定位坡度不符合要求，每处扣 10 分，定位安装方向反失格。 2. 零部件相对位置应正确，误差大于 20°扣 10 分。 3. 零件受力面方向安装正确，受力面反每处扣 10 分。 4. 绝缘子无破损，否则每处扣 10 分，破损超过 300 mm² 为失格。 5. 缺少材料每处扣 10 分			
安全生产及其他 (30分)	一、安全：配分 20 分，扣分超过 20 分失格。 1. 工具使用正确，符合规定，不符每次扣 5 分。 2. 材料工具良好，损坏或违章操作每次扣 10 分。 3. 身体受伤害每处扣 10 分。 二、文明作业：配分 10 分。 1. 作业中出现不文明动作或语言每次扣 5 分，不遵守劳动纪律每次扣 5 分。 2. 作业完毕，料具没有归位，每件扣 2 分。 3. 作业人员没有佩戴必备劳保用品，每件扣 5 分			

评委：　　　　　　　　　　　　　　　　　　年　　月　　日

复习思考题

画出平腕臂安装图并标出零部件名称。

第二节　钢绞线回头制作

一、需具备的主要知识

（1）能够分辨出各种绞线的型号及使用范围。
（2）能够查找出相对应的线夹及零部件。
（3）掌握基本工具的使用方法：各种断线工具的使用方法、保养及注意事项。

二、实训目的及要求

熟练掌握回头的制作工艺。

三、实训内容

（1）工具材料的准备（单人项目）。
① 工具准备（见表 5-2-1）。

表 5-2-1

序号	名　称	规格	单位	数量	备　注
1	手锤	4磅	把	1	
2	断线钳	1 050 mm	把	1	
3	扳手	300 mm	把	1	
4	钢卷尺	5 m	把	1	
5	克丝钳	200 mm	把	1	
6	安全帽	黄色	顶	1	

② 材料准备（见表 5-2-2）。

表 5-2-2

序号	名　称	规格	单位	数量	备　注
1	镀锌钢绞线	J-70	m	若干	根据实际情况而定
2	双耳楔形线夹	70	个	1	
3	楔子	70	个	1	
4	镀锌铁线	$\phi 1.6$ mm	m	若干	
5	记号笔	红色	个	1	

(2)制作工艺及标准。

① 将镀锌钢绞线断口两端各 20 mm 处用 ϕ1.6 mm 铁线缠绕绑扎两圈,然后用断线钳剪断钢绞线。

② 拿起钢绞线端头,用钢卷尺(现场用 200 mm 的克丝钳)从端头起量 500 mm,并用记号笔做好标记。

③ 用一只脚踩住本线,用一只手扳动端头从标记处揎圈。

④ 用一只手紧握端头在本线两侧用力上提,另一只手握紧揎圈,使圈径减小到线径的 3~4 倍后缓松开端头和揎圈。

⑤ 拿起楔形线夹,将回头线端头穿过楔形线夹,受力面为主线在线夹长边侧,副线在短边侧,同时拉动本线和回头端线,使揎圈进入线夹内,如图 5-2-1 所示。

⑥ 将楔形线夹楔子放入线夹揎圈内,再次用力同时拉动本线和回头端线,然后背起回头,两腿叉开,一只手提住回头,另一只手握住手锤用力敲打线夹边缘。

⑦ 反复进行步骤⑥,使揎圈圆弧与楔子密贴。

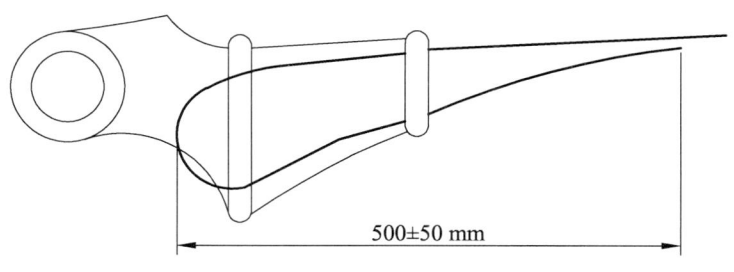

图 5-2-1

⑧ 用 1.6 铁线在距回头端线头 20~50 mm 处绑扎钢绞线 100 mm,并将绑扎线端头扭转后塞到绑扎线下面,两处绑扎时,每处绑扎长度不得小于 20 mm,两处相距 150 mm 为宜;回头长度为 500±50 mm;绑扎密实整齐。

四、注意事项

(1)作业时须正确穿戴劳动保护用品(安全帽、工作服、手套)。

(2)钢绞线弹性很大,应注意线头弹出伤人。

(3)使用手锤时,正前方不允许站其他人员,要稳、准、狠,但也不要用力过猛,误伤自己。拿手锤的手需脱掉手套。

(4)楔子选配要与楔形线夹和线材规格相一致。

表 5-2-3　制作承力索回头评分表（百分制）

班级：　　　　　姓名：　　　　　成绩：

项目	操作要求及评分标准	扣分情况	扣分	得分
时间 （20分）	1. 准备时间为 5 min，超出时间计入组装时间。 2. 操作时间为 30 min，每超 10 s 扣 1 分；超时 3 min 停止作业			
质量 （50分）	1. 回头长度为 500±50 mm 的范围，每超出误差范围 10 mm 扣 2 分。 2. 回头绑扎长度小于 100 mm 扣 2 分，回头端部外露超过 50 mm 扣 5 分。 3. 绑扎点翘头每处扣 5 分；绑扎线间隙大于 0.5 mm 扣 5 分。 4. 楔形线夹非受力面（凸面）在回头端线侧，即本线在受力面侧，装反扣 30 分。 5. 钢绞线与楔子不密贴，间隙大于 5 mm 扣 5 分。 6. 钢绞线出现松股、散股、断股现象每处扣 10 分。 7. 钢绞线出现较重伤痕扣 15 分			
安全生产及其他 （30分）	一、安全：配分 20 分，扣分超过 20 分失格。 1. 作业中出现一般违章现象每次扣 5 分，出现严重违章扣 20 分。 2. 作业中线头弹出伤人每次扣 20 分。 二、文明作业：配分 10 分。 1. 作业中出现不文明动作或语言每次扣 5 分，不遵守劳动纪律每次扣 5 分。 2. 作业完毕，料具没有归位，每件扣 2 分。 3. 作业人员没有佩戴必备劳保用品，每件扣 5 分			

评委：　　　　　　　　　　　　　　　年　　月　　日

复习思考题

试写出承力索回头的绑扎标准。

第三节　拉出值测量、计算

一、需具备的主要知识

（1）掌握接触网主要参数的含义及标准，并能够在平面图中找出。
（2）拉出值计算公式，包括曲线处偏移值的计算。

（3）正确使用测量工具。
（4）作业组成员的要求及防护人员的职责。

二、实训目的及要求

（1）掌握拉出值的测量方法。
（2）掌握拉出值的计算方法。

三、实训内容

（1）准备工作。
① 人员组织（见表 5-3-1）。

表 5-3-1

序号	项　目	单位	数量	备　注
1	测量组长	人	1	负责整个测量工作的组织安排
2	数据记录	人	1	负责测量数据的记录、计算
3	防护人员	人	2	负责上、下行测量人员安全
4	测量人员	人	2	负责测杆的使用及读取数据

② 工具材料的准备（见表 5-3-2）。

表 5-3-2

序号	名　称	规格	单位	数量	备　注
1	测杆	35 kV	副	1	绝缘（含计算器 1 台）
2	铁路轨距尺		把	1	
3	防护用具	红、黄	个	3	防护旗红黄各 1 面、喇叭 1 个
4	记录纸		张	若干	
5	线坠		个	1	
6	安全帽	黄色	顶	2	
7	钢卷尺	3 m	把	1	

（2）操作程序规定说明。
① 自提工具材料，齐全无误。
② 测量支柱处线路外轨超高值 h（曲线）。

③ 利用测杆测出导线高度 H。

④ 计算受电弓中心在接触线高度处的偏移值 c。

⑤ 借助测杆线坠测出接触线对线路中心的实际拉出值 m。

⑥ 利用公式计算出拉出值。

（3）技术要求。

① 测量工具准备齐全并检查合格。

② 正确使用铁路轨距尺进行外轨超高测量，外轨超高 h 值为 $0 \sim 150$ mm。

③ 正确使用测量杆及计算器，测出接触线高度 H 和实际拉出值 a，如图 5-3-1 所示。

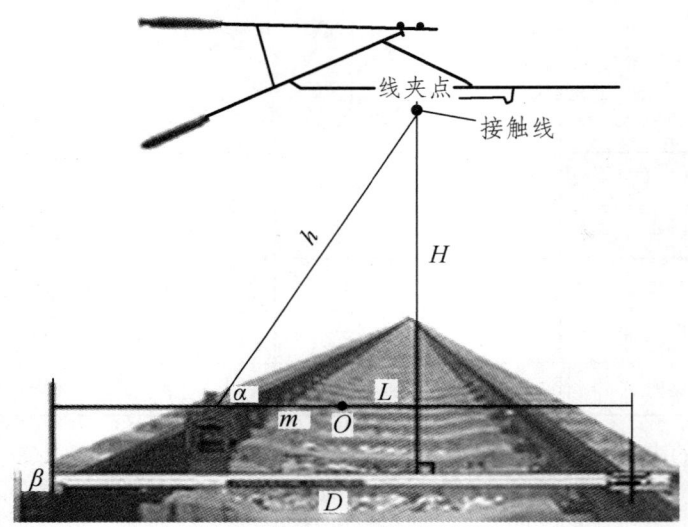

图 5-3-1

④ 测量方法准确无误，测量误差控制在 $0 \sim 20$ mm。

⑤ 利用计算公式 $C = H \times h/L$；$m = a - c$；$\Delta m = m_{标} - m_{实}$ 计算出拉出值。

⑥ 计算准确无误，并依据数据 $m_{实}$ 与计算标准值 $m_{标}$ 进行比较，确定调整量 Δm 的大小及方向。"+""－"号只代表方向，不代表大小。

四、注意事项

（1）全体作业组人员不得走道心及轨枕头。

（2）测量时两端应设置安全防护人员，两防护人员距测量点各 800 m 进行上、下行防护。

（3）作业结束清理现场，人员机具不得侵入限界。

表 5-3-3 拉出值测量、计算评分表（百分制）

班级：　　　　　　姓名：　　　　　　成绩：

项目	操作要求及评分标准	扣分情况	扣分	得分
时间 （20分）	1. 准备时间为 5 min，超出时间计入测量时间。 2. 测量、计算时间为 30 min，每超 10 s 扣 1 分；超时 3 min 停止作业			
质量 （50分）	一、测量方面（配分15分）。 1. 测量工具准备齐全，每缺少一件扣 5 分。 2. 测量数据准确无误，在允许误差范围内，数据不准确每项扣 5 分。 3. 记录数据时以"mm"为单位，每记录错误一项扣 5 分。 二、计算方面（配分35分）。 1. 计算过程详细无误，每缺一项扣 10 分。 2. 计算公式完整无误，每缺一个公式扣 10 分。 计算结果无误，单位以"mm"计，每错一个结果扣 5 分。 3. 调整拉出值回答准确： "拉"，"放"方向回答错误扣 10 分			
安全生产及其他 （30分）	劳保用品齐全，每少一件扣 5 分。 1. 测量工具使用正确，符合规定，不符每次扣 5 分。 2. 损坏测量工具或违章操作每次扣 10 分。 3. 出现不文明行为扣 10 分。 4. 测量计算完毕后，工具放置规定位置，未收工具扣 10 分			

评委：　　　　　　　　　　　　　　年　　月　　日

复习思考题

试写出防护人员的职责及作业过程中注意事项。

第四节　验电与接地

一、需具备的主要知识

（1）绝缘用具的使用方法及保管要求。
（2）验电器的自检操作。
（3）验电接地的操作步骤及注意事项。

二、实训目的及要求

（1）掌握验电与接地的操作流程。
（2）掌握验电与接地的注意事项。

三、实训内容

（1）工具材料的准备。
① 工具准备（见表 5-4-1）。

表 5-4-1

序号	名　称	规格	单位	数量	备　注
1	活口扳手	250 mm	把	1	
2	音响验电器	35 kV	套	1	

② 材料准备（见表 5-4-2）。

表 5-4-2

序号	名　称	规格	单位	数量	备　注
1	接地线	35 kV	组	1	25 mm^2 以上多股裸软铜线
2	绝缘鞋	35 kV	双	1	
3	绝缘手套	35 kV	双	1	

（2）验电与接地操作步骤。
① 按照指令到达规定地点。
② 对接地线进行安装，先把接地线钢轨卡子侧与钢轨进行连接。
③ 先对验电器进行自验，声响合格方可使用。用音响验电器对带电体进行验电，听到声响为有电，无声为无电。
④ 确认无电后，把接地线挂钩挂至带电体上，卡牢无松动，报告完成操作。
⑤ 接到拆除地线指令后，先把接地线挂钩从带电体上取下，然后再把钢轨卡子从钢轨上拆除，报告完成操作。

四、注意事项

（1）准备料具齐全合格。

（2）登杆时，不得佩戴绝缘手套，避免损伤绝缘用具。

（3）操作时地线不得与身体接触。

（4）绝缘杆要保持清洁、干燥。

（5）必须由两人进行，一人操作，一人监护。

表 5-4-3 验电与接地评分表（百分制）

班级：　　　　　　姓名：　　　　　　成绩：

项目	操作要求及评分标准	扣分情况	扣分	得分
时间（20分）	1. 准备时间为 5 min，超出时间计入安装时间。 2. 安装、拆卸时间为 20 min，每超 10 s 扣 1 分；超时 3 min 停止作业			
质量（50分）	1. 正确使用音响验电器，不得摔、碰。每违规一次扣 5 分。 2. 正确使用接地线，不正确扣 5 分。 3. 验电绝缘用具不齐全扣 10 分，验电操作不当扣 10 分。 4. 安装接地线。先安装接地侧，后挂在停电设备上。安装先后顺序错扣 10 分。 5. 拆除接地线。先拆停电设备侧，再拆接地侧。拆除先后顺序错扣 10 分。 6. 验电与接地，均应一人操作一人监护。一项未设监护人扣 10 分			
安全生产及其他（30分）	一、安全：配分 20 分，扣分超过 20 分失格。 1. 作业中出现一般违章现象每次扣 5 分，出现严重违章扣 20 分。 2. 凳杆验电接地应符合高空作业及停电作业的有关规定，出现违章扣 20 分。 二、文明作业：配分 10 分。 1. 作业中出现不文明动作或语言每次扣 5 分，不遵守劳动纪律每次扣 5 分。 2. 作业完毕，接地线没有归位，每件扣 2 分。 3. 作业人员没有佩戴必备劳保用品，每件扣 5 分。			

评委：　　　　　　　　　　　　　　　年　　月　　日

复习思考题

试说出验电接地注意事项。

第五节　隔离开关倒闸作业

一、需具备的主要知识

（1）能够在图纸中正确查找到隔离开关的位置，认识其符号。
（2）认识隔离开关的结构。
（3）正确使用绝缘工具及保管方法、注意事项。
（4）熟知倒闸作业的操作步骤及注意事项。

二、实训目的及要求

（1）了解倒闸作业的程序。
（2）会进行倒闸作业命令票的填写。
（3）掌握倒闸作业注意事项。

三、实训内容

（1）工具材料的准备。
① 工具准备（见表5-5-1）。

表 5-5-1

序号	名　称	规格	单位	数量	备　注
1	安全帽	黄色	顶	1	
2	隔离开关钥匙		把	1	

② 材料准备（见表5-5-2）。

表 5-5-2

序号	名　称	规格	单位	数量	备　注
1	绝缘操纵棒	35 kV	组	1	
2	绝缘鞋	35 kV	双	1	
3	绝缘手套	35 kV	双	1	

（2）技术要求。
① 材料、工具准备齐全。
② 倒闸操作顺序正确。
③ 能安全文明操作。

四、操作流程

（1）操作人员准备好隔离开关的钥匙、操作棒、绝缘手套，穿好绝缘鞋，戴好安全帽。
（2）接到倒闸指令后，方可进行操作。
（3）监护人与操作人呼唤应答，操作人按要求操纵隔离开关进行倒闸。
（4）确认倒闸到位后给隔离开关加锁。

五、注意事项

（1）正确佩戴劳动保护用品。
（2）倒闸作业必须接到操作指令。
（3）倒闸作业要稳、准、快，一次开闭到位，中途不得停顿和发生冲击。
（4）严禁带负荷操作隔离开关。
（5）作业过程中，人员机具不得侵入限界。
（6）必须由两人进行，一人操作，一人监护。

表 5-5-3　倒闸作业评分表（百分制）

班级：　　　　　　姓名：　　　　　　成绩：

项目	操作要求及评分标准	扣分情况	扣分	得分
时间 （20分）	1. 准备时间为 5 min，超出时间计入倒闸时间。 2. 倒闸操作时间为 20 min，每超 30 s 扣 1 分；超时 3 min 停止作业			
质量 （50分）	1. 材料、工具准备齐全，每少一件扣 5 分。 2. 正确填写倒闸作业命令票，无此项扣 10 分。 3. 倒闸开始前确认隔离开关位置是否正确，未确认直接操作扣 10 分。 4. 监护人与操作人要呼唤应答，正确操作隔离开关，错误扣 10 分。 5. 确认倒闸完成后，对隔离开关进行加锁。未加锁扣 5 分。 6. 倒闸作业要一次开闭到底，中间不得停顿，开闭不到底扣 10 分			
安全生产及其他 （30分）	一、安全：配分 20 分，扣分超过 20 分失格。 1. 作业中出现一般违章现象每次扣 5 分，出现严重违章扣 20 分。 二、文明作业：配分 10 分。 1. 作业中出现不文明动作或语言每次扣 5 分，不遵守劳动纪律每次扣 5 分。 2. 作业完毕，工具材料没有归位，每件扣 2 分。 3. 作业人员没有佩戴必备劳保用品，每件扣 5 分			

评委：　　　　　　　　　　　　　　　　年　　　月　　　日

复习思考题

试写出隔离开关倒闸作业注意事项。

第六章　集体操作项目

电气化铁道供电接触网作业工作是需要通过团队合作的方式来完成的。期间要做到每一位作业组成员之间的配合、高空人员与地面辅助人员的配合、监护人员对作业组人员的监控、安全措施的布置及落实等。要求学员通过对每一个项目、每一个岗位的学习,先易后难,循序渐进地来进行练习和掌握,逐步提高接触网操作技能。

(1)集体操作项目的教学及练习宜按照如下顺序进行:

第一项,调整 b 值;第二项,更换绝缘子;第三项,腕臂支柱装配;第四项,更换软横跨固定绳。

在保证前一个项目熟练掌握完成后,再进行下一个项目的学习和操作。

(2)在进行接触网集体操作项目作业过程中,要召开工前预备会、作业组成员作业分工单,以及工作完成后召开收工总结会。

① 工前预备会:要求列队宣读安全措施,分工明确,并进行提问。

② 作业分工单:要求明确每一名作业组人员岗位及主要任务,人员分工要合理、胜任。

③ 收工总结会:作业结束后,对作业过程及优缺点进行总结,以利于今后更好地完成该项目。

(3)工前预备会、作业分工单以及收工总结会要有文字记录,并妥善保存。

第一节　全补偿装置 b 值调整

一、需具备的主要知识

(1)能够在平面图中找到补偿装置的位置,并认识其符号。
(2)能够按照安装图进行配料,补偿绳正确穿向。
(3)掌握正确使用安全带、安全帽的方法。
(4)掌握正确使用受力工具的方法、注意事项及保管方法。
(5)背诵攀登支柱注意事项。
(6)高空作业人员注意事项。

二、实训目的及要求

（1）了解 b 值的意义。
（2）掌握补偿 b 值调整的方法。

三、实训内容

（1）工具材料的准备。
① 工、量具准备（见表6-1-1）。

表 6-1-1

序号	名　称	规格	单位	数量	备　注
1	手扳葫芦	1.5 t	台	1	
2	紧线器	150～300	把	1	
3	紧线器	50～150	把	1	
4	扳手	300 mm	把	1	
5	钢卷尺	5 m	把	1	
6	克丝钳	200 mm	把	1	
7	安全帽	黄色	顶	5	
8	手　锤	4磅	把	1	
9	防护用具		面	2	红、黄各1面
10	安全带		条	2	
11	尼龙绳	ϕ12 mm	条	1	长 15 m
12	温度计		个	1	

② 材料准备（见表6-1-2）。

表 6-1-2

序号	名　称	规格	单位	数量	备　注
1	钢线卡子		个	2	
2	双耳楔形线夹	50	个	1	
3	楔　子	50	个	1	
4	镀锌铁线	ϕ1.6 mm	m	若干	
5	记号笔	红色	个	1	
6	开口销		个	1	
7	黄油		桶	若干	根据现场情况而定
8	铁线	ϕ4.0 mm	kg	若干	
9	铁线	ϕ1.6 mm	kg	若干	
10	下锚坠砣安装曲线				

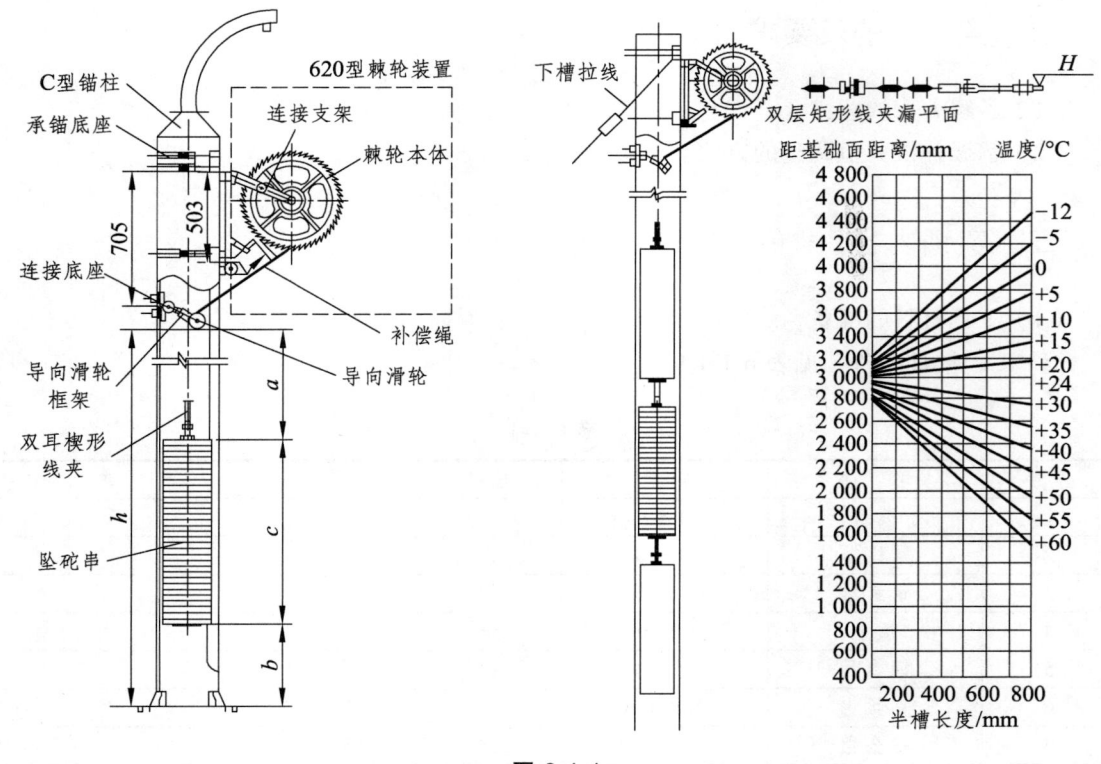

图 6-1-1

（2）全补偿装置 b 值调整操作步骤。

① 用钢卷尺测量坠砣底部到地面的距离，然后从坠砣安装曲线表中查出标准距离，如图 6-1-1 所示。

② 将测量值与标准值比较，即 $\Delta b = b_{标} - b_{测}$。如果 $\Delta b \neq 0$ 且超过 ±200 mm，则将回头上提 Δb 或下放 Δb 值。

③ 作业人员登上支柱到补偿绳回头以上适当距离处，在补偿绳上安上紧线器，另一作业人员在坠砣杆上安上紧线器。

④ 将倒链式手扳葫芦链条调到适当距离，支柱上人员将倒链式手扳葫芦的两钩分别与两个紧线器套子挂牢。

⑤ 紧动手扳葫芦（挡位向上），使紧线器间补偿绳充分松弛（满足回头重新制作要求）后停止紧动。

⑥ 取开楔形线夹与坠砣杆连接销钉，打开回头，按要求（依据 Δb 的正、负）上提或下放补偿绳 Δb 值，重新制作回头。

⑦ 将回头楔形线夹与坠砣杆用销钉连接牢固，穿上开口销并掰口，然后稍松手扳葫芦使补偿绳回头受力，确认各部受力状态无异后再继续缓松手扳葫芦。

⑧ 用钢卷尺复测 b 值，若符合要求则绑扎好回头，撤除工具，铁件涂油。

（3）技术标准及操作说明。

① 会查承力索、接触线的坠砣安装曲线，确定 b 值（L 值由考评员给定）。

② 作业方法、程序正确，补偿绳回头符合要求，b 值允许施工误差为 ±20 mm。
③ 坠砣摆放整齐，其缺口相互错开 180°，坠砣数量正确。
④ 安全文明生产，正确使用工具。
⑤ 作业完毕清理现场。

四、注意事项

（1）作业时须正确穿戴劳动保护用品（安全帽、工作服、手套）。
（2）操作过程中时刻观察受力工具状态，以防打滑和抽脱。
（3）正确使用受力工具，使用手扳葫芦应摇速均匀，不得猛摇。
（4）在未确认受力工具状态前，严禁抽开连接销钉，连接销钉取开后严禁继续摇动手扳葫芦。
（5）登杆作业，不得同侧上下。高空作业人员应扎好安全带，严禁高空掉物。
（6）作业过程中坠砣下严禁站人。

表 6-1-3　全补偿 b 值调整评分表（百分制）

班级：　　　　　　　　小组成员：　　　　　　　成绩：

项目	操作要求及评分标准	扣分情况	扣分	得分
时间 （20 分）	1. 准备时间为 5 min，超出时间计入组装时间。 2. 组装时间为 25 min，每超 1 min 扣 1 分；超时 5 min 停止作业			
质量 （50 分）	1. b 值不符合要求且误差大于 ±20 mm 时，扣 10 分。 2. 补偿绳回头制作符合要求，每处缺陷扣 5 分。 3. 补偿坠砣叠放缺口未互错 180°，每处扣 2 分。 4. 双耳楔形线夹受力面反扣 20 分。 5. 补偿绳出现松股、散股现象扣 15 分；补偿绳出现断股扣 20 分。 6. 回头绑扎不符合要求扣 10 分。 7. 查安装曲线，确定 b 值，查询结果错误扣 10 分。 8. 开口销未安扣 15 分；开口销未瓣口扣 10 分			
安全生产及其他 （30 分）	一、安全：配分 20 分，扣完配分失格。 1. 作业中出现一般违章现象扣 5 分。 2. 作业中出现严重违章现象，每次扣 20 分。 3. 作业中坠砣下面站人扣 10 分。 4. 违章使用工具，每次扣 5 分。 5. 紧线工具滑动扣 20 分。 二、文明作业：配分 10 分。 1. 作业时必佩戴的安全、劳保用品每缺一件扣 3 分。 2. 作业中出现不文明动作或语言每次扣 5 分。 3. 作业完毕，料具不归位，每件扣 2 分			

评委：　　　　　　　　　　　　　　　　　　　　　　年　　月　　日

复习思考题

试写出调整 b 值的注意事项。

第二节　更换悬式绝缘子

一、需具备的主要知识

（1）能够在平面图中查找软横跨的位置，并认识其符号。
（2）能够根据安装图进行软横跨各节点的配料。
（3）掌握悬式绝缘子的连接方法及注意事项。
（4）更换绝缘子的操作步骤及注意事项。

二、实训目的及要求

（1）熟悉悬式绝缘子的类型及用途。
（2）掌握更换悬式绝缘子的施工方法及标准。

三、实训内容

（1）工具材料的准备。
① 工具准备（见表 6-2-1）。

表 6-2-1

序号	名　称	规格	单位	数量	备　注
1	手扳葫芦	1.5 t	台	1	
2	钢丝套子	600 mm	个	1	
3	滑轮	1 t	个	1	封口
4	尼龙绳	ϕ12 mm	条	1	长度不小于 18 m
5	紧线器	50~150	个	1	曲臂式
6	安全带	腰带式	条	2	
7	安全帽	黄色	顶	6	
8	个人工具		套	6	扳手、克丝钳、螺丝刀

② 材料准备（见表 6-2-2）。

表 6-2-2

序号	名 称	规格	单位	数量	备 注
1	悬式绝缘子		片	4	
2	双耳楔形线夹	50、70	套	1	
3	球头挂环	QP-10	个	1	
4	钢线卡子		个	1	

（2）更换悬式绝缘子的方法（软横跨处）。

① 高空作业人员攀登至更换位置处先扎好安全带，将穿好绳索的滑轮挂在要更换的悬式绝缘子上方的固定位置处，用绳索把所需工具传递给高空作业人员。

② 将钢丝套挂在固定位置上（钢柱）上，在线索上安装紧线器，然后用手扳葫芦的两钩分别挂住钢丝套和紧线器，摇动手扳葫芦摇柄（挡位在向上），使悬式绝缘子串卸载松弛，如图 6-2-1 所示。

图 6-2-1 更换悬式绝缘子

③ 确认紧线工具无滑动现象后，松动并去掉悬式绝缘子与杵座楔形线夹连接，取开弹簧销，将杵头杆从悬式绝缘子杵座中取出。吊下旧绝缘子，吊上新绝缘子串，并将新悬式绝缘子串与杵座楔形线夹连接，穿入弹簧销。

④ 安装完毕后，松动手扳葫芦（挡位向下），使悬式绝缘子串受载。检查确认悬式绝缘子各部受力良好，撤除人员工具，清理现场。

四、注意事项

（1）全体作业人员要正确佩戴劳动保护用品，笨重材料、工具用绳索传递。

（2）作业前，认真检查受力工具是否完好，如有裂纹或生锈严重，严禁使用；作业时，要时刻注意受力紧线工具的状态，严防滑动。

（3）起吊绝缘子时，严防碰触绝缘子，以免损坏。

（4）正确使用安全带，不得与钢丝套子打在一起。

（5）使用手扳葫芦摇速应均匀，不得猛摇产生冲击力量。

（6）钢丝套子应打在钢柱主角钢处，受力均匀，不得有死弯。

（7）高空人员扎好安全带，方可进行下一步作业。严禁高空掉物，上下呼唤应答应配合妥当。

（8）辅助人员应时刻注意高空人员状态，拉绳时应匀速，不得猛拉。

（9）更换下的绝缘子应拉出 1 m 以外，不得站在高空人员下方。

表 6-2-3　更换悬式绝缘子评分表（百分制）

班级：　　　　　　小组成员：　　　　　　成绩：

项目	操作要求及评分标准	扣分情况	扣分	得分
时间 （20分）	1. 准备时间为 5 min，超出时间计入更换安装时间。 2. 操作时间为 30 min，每超 1 min 扣 1 分；超时 5 min 停止作业			
质量 （50分）	一、一般缺陷：每处扣 5 分。 1. 悬式绝缘子安装更换顺序正确，顺序操作错误扣 5 分。 2. 瓷裙边缘距接地体的距离在任何情况下符合规定不小于 350 mm，若不符合要求扣 30 分。 3. 绝缘子脏污扣 5 分；有闪络痕迹扣 10 分。 4. 弹簧销漏安扣 20 分；未穿开口销扣 10 分；开口销未掰口每处扣 5 分。 5. 各部螺栓有松动，每处扣 5 分。 6. 各部零件有锈蚀现象，每处扣 5 分。 7. 正确使用受力工具，操作不正确每次扣 5 分。 二、严重缺陷：每处扣 10 分。 1. 更换过程中绝缘子由于操作不当造成破损扣 10 分；破损面积超过 300 mm^2 扣 10 分。 2. 弹簧销漏安扣 10 分			
安全生产及其他 （30分）	一、安全：配分 20 分，扣完配分失格。 1. 作业中出现一般违章现象每次扣 5 分。 2. 作业中出现严重违章现象每次扣 20 分。 二、文明作业：配分 10 分。 1. 作业时所必佩戴的劳保安全用具每缺一件扣 2 分。 2. 作业中出现不文明动作或语言每次扣 5 分。 3. 作业完毕，料具不归位，每件扣 3 分			

评委：　　　　　　　　　　　　　　　年　　月　　日

复习思考题

试写出更换绝缘子的注意事项。

第三节　支柱腕臂装配

一、需具备的主要知识

（1）能够在平面图中查找支柱的位置，并认识其符号。
（2）根据图纸对腕臂进行正确的预配。
（3）支柱装配的操作步骤及注意事项。
（4）熟练掌握脚扣的使用方法。

二、实训目的及要求

（1）熟悉腕臂的类型及作用。
（2）掌握计算与地面组装的方法。
（3）掌握腕臂装配的方法及注意事项。

三、实训内容

（1）准备工作。
① 人员组织（见表6-3-1）。

表 6-3-1

序号	项　目	单位	数量	备　注
1	监护人	名	2	负责腕臂装配的整个过程安全
2	地面辅助	名	8	负责拉绳、绑绳及其他辅助工作
3	高空人员	名	2	负责腕臂装配施工

② 工具准备（见表6-3-2）。

表 6-3-2

序号	名 称	规格	单位	数量	备 注
1	扳手	300 mm	把	4	
2	扭矩扳手	25～70 N·m	把	2	
3	克丝钳	200 mm	把	4	
4	安全帽	黄色	顶	11	
5	防护用具		面	2	红、黄各1面
6	安全带		条	2	
7	尼龙绳	ϕ 12 mm	条	3	
8	钢卷尺	5 m	把	1	
9	钢丝套子		个	1	
10	单滑轮	封口	个	1	

③ 材料准备（见表 6-3-3）。

表 6-3-3

序号	名 称	规格	单位	数量	备 注
1	腕臂底座		套	2	
2	腕臂		套	1	预制好的
3	铁线	ϕ 4.0 mm	米	3	
4	黄油		桶	若干	根据现场情况而定

（2）安装流程（见图 6-3-1）。

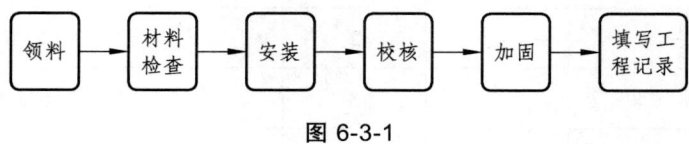

图 6-3-1

（3）安装工艺。

① 根据安装图尺寸，把平、斜腕臂底座安装至标准位置。

② 高空作业人员将钢丝套子悬挂在平腕臂底座的正上方 500 mm 处，将单滑轮及大绳挂在钢丝套子上，把绳索一端放下。

③ 绳索绑在斜腕臂复合绝缘子槽内进行吊装，将斜腕臂单耳与腕臂底座进行连接。

④ 连接完毕后，绳索缓松，确认牢固后，解开绳索放下，绑住平腕臂管与绝缘子连接处进行平腕臂连接，如图 6-3-2 所示。

图 6-3-2 支柱腕臂装配

⑤ 松开绳索，把安装好的腕臂用 4.0 铁线对其进行加固，确认各部件受力无异后，撤除工具。

四、注意事项

（1）作业时须正确穿戴劳动保护用品（安全帽、工作服、手套）。

（2）预配时，应检查各零件是否良好，严禁使用有裂纹的铸件，应使定位环缺口朝下。

（3）腕臂预配后，应检查各部螺栓是否紧固，套管双耳与棒式绝缘子压板是否在同一平面上。

（4）腕臂安装时，上、下层工作人员应分别位于支柱的两侧，全体作业人员应戴安全帽，防止坠物伤人。

（5）腕臂安装后，水平腕臂不得低头，允许抬头 30 mm（设计要求的抬头除外）。应保证承力索距轨面距离符合设计要求，施工允许偏差为 ±20 mm；且承力索应在接触线的正上方，施工允许偏差为 ±25 mm。

表 6-3-4 支柱腕臂装配评分表（百分制）

班级：　　　　　　小组成员：　　　　　　成绩：

项目	操作要求及评分标准	扣分情况	扣分	得分
时间 （20分）	1. 准备时间为 5 min，超出时间计入组装时间。 2. 组装时间为 30 min，每超 1 min 扣 1 分；超时 5 min 停止作业			
质量 （50分）	一、一般缺陷：每处扣 2 分。 1. 零部件安装齐全，规格、型号符合要求。 2. 各处螺栓紧固、均匀、方向正确。 3. 开口销打开应不小于 60°。 4. 平腕臂水平安装，仰头超过 30 mm/m。 5. 上下底座安装水平。 6. 各零部件安装误差大于 20 mm。 二、严重缺陷：每处扣 10 分。 1. 绝缘子流水孔方向应向下。 2. 定位环、承力索支座受力面反			
安全 生产 及其他 （30分）	一、安全：配分 20 分，扣完配分失格。 1. 绳索绑扎正确，出现错误每次扣 5 分。 2. 起吊过程中绝缘子与支柱发生碰撞，每次扣 5 分。 3. 严禁高空掉物，出现错误每次扣 5 分。 4. 高空人员严禁在支柱同侧作业，出现错误每次扣 5 分。 5. 有严重危及作业人员安全的危险动作，每次扣 5 分。 6. 作业过程中不按规定打安全带或安全带未扎在安全可靠位置，每次扣 5 分；有保险环未锁闭，每次扣 5 分。 二、文明作业：配分 10 分。 1. 作业时必佩戴的安全劳保用品每缺一件扣 3 分。 2. 作业中出现不文明动作或语言，每次扣 5 分。 3. 作业完毕，料具不归位，每件扣 2 分。			

评委：　　　　　　　　　　　　　　　年　　月　　日

复习思考题

试写出支柱装配的注意事项。

第四节　更换软横跨固定绳

一、需具备的主要知识

（1）能够熟练画出软横跨各节点的安装图，并标出零部件名称。
（2）熟练掌握软横跨的测量及固定绳的正确预配方法。
（3）熟练掌握大吊弦和斜拉线的制作方法。
（4）正确使用车梯及车梯作业注意事项。
（5）掌握更换软横跨固定绳操作步骤及注意事项。
（6）熟练掌握软横跨调整标准及方法。

二、实训目的及要求

（1）熟悉软横跨类型及作用。
（2）掌握软横跨的预制及安装方法。
（3）掌握软横跨安装注意事项。

三、实训内容

（1）准备工作。
① 人员组织（见表6-4-1）。

表 6-4-1

序号	项　目	单位	数量	备注
1	负责人	名	1	负责整个作业的全面工作
2	技术负责人	名	1	负责整个作业的技术标准
3	防护人员	名	2	
4	高空作业人员	名	5	
5	辅助人员	名	8	

② 工具准备（见表6-4-2）。

表 6-4-2

序号	名称	规格	单位	数量	备注
1	钢卷尺	5 m、50 m	把	2	各 1 把
2	手锤	1 kg	把	2	
3	尼龙绳	ϕ18 mm	根	2	不少于 26 m
4	断线钳		把	1	
5	尼龙绳	ϕ12 mm	根	2	不少于 18 m
6	安全带		条	5	
7	防护旗	红、黄	面	2	各 1 面
8	链条葫芦	1.5 t	台	1	
9	闭口滑轮	1 t	个	3	
10	测杆		套	1	

③ 材料准备（见表 6-4-3）。

表 6-4-3

序号	名称	规格	单位	数量	备注
1	上、下部固定绳	GTJ-50	m	各 20	
2	悬式绝缘子	设计定	片	4	
3	杵头杆	设计定	套	2	
4	杵座楔形线夹	设计定	套	4	
5	定位环线夹	设计定	套	3	
6	悬吊滑轮	设计定	套	3	
7	铁线	ϕ4.0 mm	m	若干	
8	铁线	ϕ1.6 mm	m	若干	

（2）更换软横跨固定绳操作步骤。

整个操作分为三个部分：测量、预配固定绳，更换固定绳，调整软横跨。

① 预配。

a. 由测量小组对现场所指定需要更换的固定绳进行测量，并做好记录。

b. 测量小组配合地勤人员进行下料、预配固定绳、安装相应线夹（带斜拉线）。

② 更换固定绳。

首先拆除旧固定绳，操作步骤如下：

a. 高空作业人员在监护人员的监控下对所需要更换的固定绳进行卸载，拆除大吊弦及斜拉线等与其连接的部件，如图 6-4-1 所示。

图 6-4-1

b. 松动钢柱处杵头杆后部螺帽，以便拆卸。
c. 利用手扳葫芦和钢丝套子将与支柱最外侧绝缘子连接的杵座线夹摘除。
d. 慢慢松动手扳葫芦使固定绳松弛，利用车梯配合拆除旧固定绳。
③ 安装新固定绳。
a. 地勤人员将预制好的固定绳展开，现场对比确认无误后进行安装，如图 6-4-2 所示。

图 6-4-2

b. 高空人员利用绳索将固定绳一端先行连接，利用车梯进行穿线至钢柱处。
c. 在固定绳上合适的位置安装紧线器，利用钢柱处手扳葫芦将新线缓慢拉紧。
d. 将新固定绳与钢柱侧绝缘子进行连接。
④ 调整软横跨。
a. 紧固钢柱后部杵头杆螺帽。
b. 安装软横跨内拆除的大吊弦及斜拉线，并进行调整使其符合要求。
c. 作业结束后清理现场，人员机具不得有遗漏。

四、注意事项

（1）全体作业人员佩戴劳保用品齐全合格。
（2）正确使用手扳葫芦，时刻注意受力状态。
（3）推行车梯按规定，转换股道应保持平稳；作业平台不得放置工具或材料。
（4）测量人员正确使用测量用具，不得损坏机具。
（5）高空人员正确使用安全带，保证牢固可靠。严禁高空掉物，抛上抛下。
（6）辅助人员与高空人员应呼唤应答，配合妥当。
（7）监护人员应时刻注意作业组人员动态，不得脱离岗位。

表 6-4-4　更换软横跨固定绳及调整评分表（百分制）

班级：　　　　　　小组成员：　　　　　　　　　成绩：

项目	操作要求及评分标准	扣分情况	扣分	得分
时间 （20分）	1. 准备时间为 5 min，超出时间计入安装时间。 2. 操作时间为 60 min，每超 1 min 扣 2 分；超时 5 min 停止作业			
质量 （50分）	1. 组装绝缘子、杵头杆等连接部件，每错一处扣 5 分。 2. 复核固定绳各部尺寸，每错一处扣 5 分。 3. 固定绳起吊平稳，每碰撞一次扣 5 分。 4. 钢丝套子挂位不正确扣 5 分。 5. 球形垫块安装不正确扣 10 分。 6. 各部螺栓穿向正确，每错误一处扣 5 分。 7. 各部螺栓未按紧固力矩进行紧固，每处扣 5 分。 8. 固定绳出现正弛度，每处扣除 5 分。			
安全生产及其他 （30分）	一、安全：配分 20 分，扣完配分失格。 1. 作业中出现一般违章现象每次扣 5 分。 2. 作业中出现严重违章现象每次扣 20 分。 3. 各种紧线工具出现滑动每次扣 20 分；紧线工具滑脱扣 20 分。 4. 违章使用工具每次扣 5 分。 二、文明作业：配分 10 分。 1. 作业时所必佩戴的劳保安全用具每缺一件扣 2 分。 2. 作业中出现不文明动作或语言每次扣 5 分。 3. 作业完毕，料具不归位，每件扣 3 分			

评委：　　　　　　　　　　　　　　　　　　年　　　月　　　日

复习思考题

1. 试写出更换固定绳的操作步骤。
2. 试写出更换固定绳的注意事项。

附录：接触网安装图

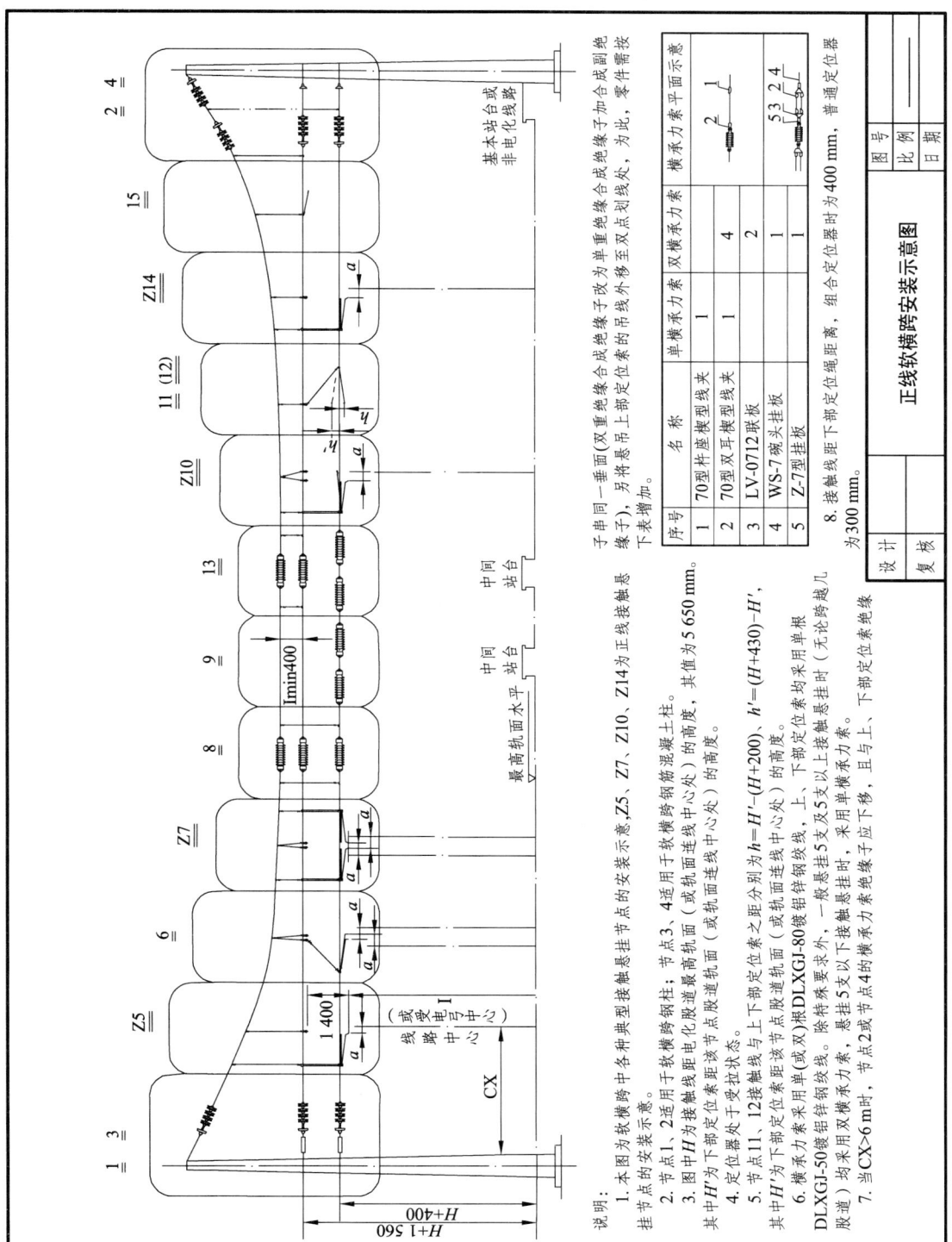

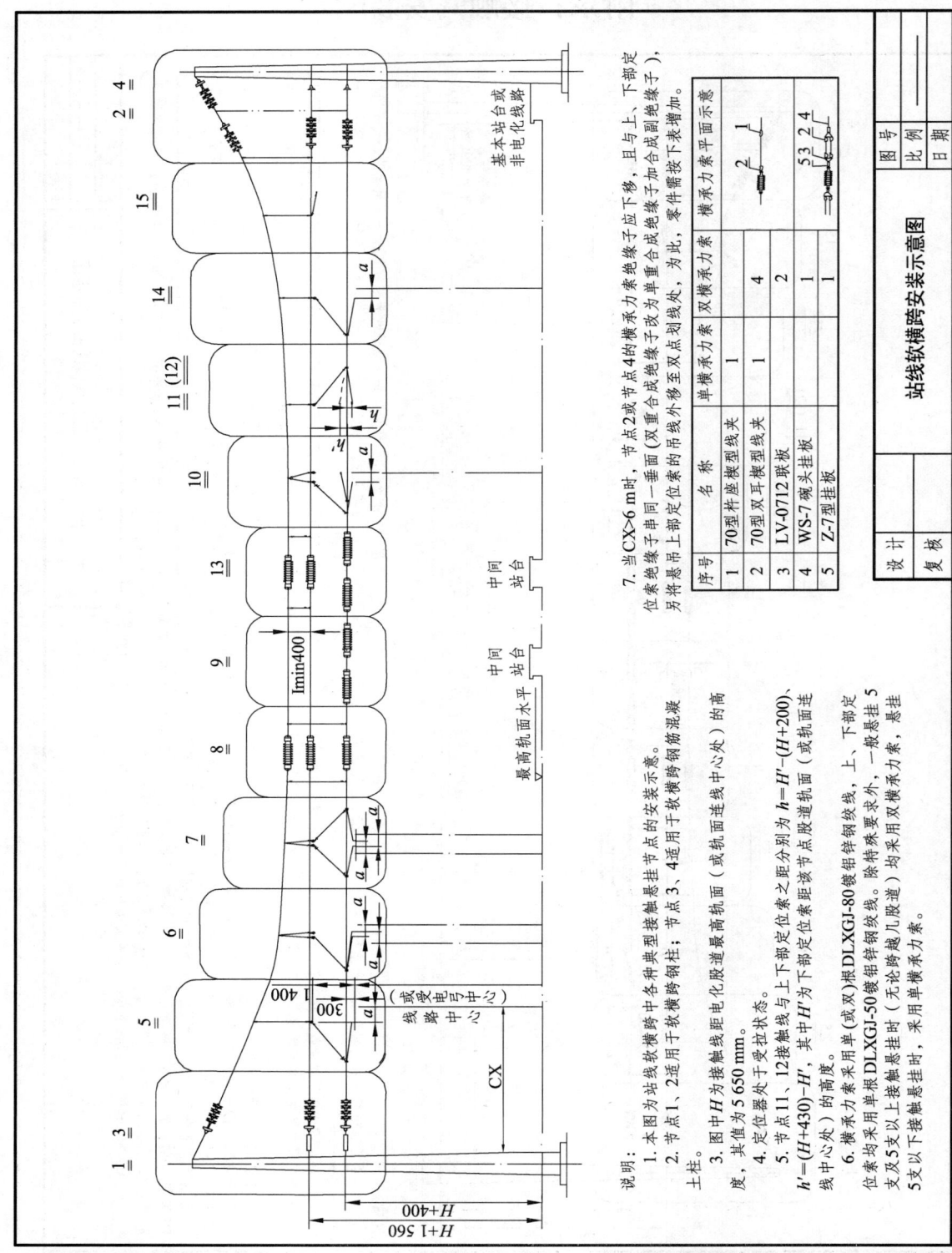

附录：接触网安装图

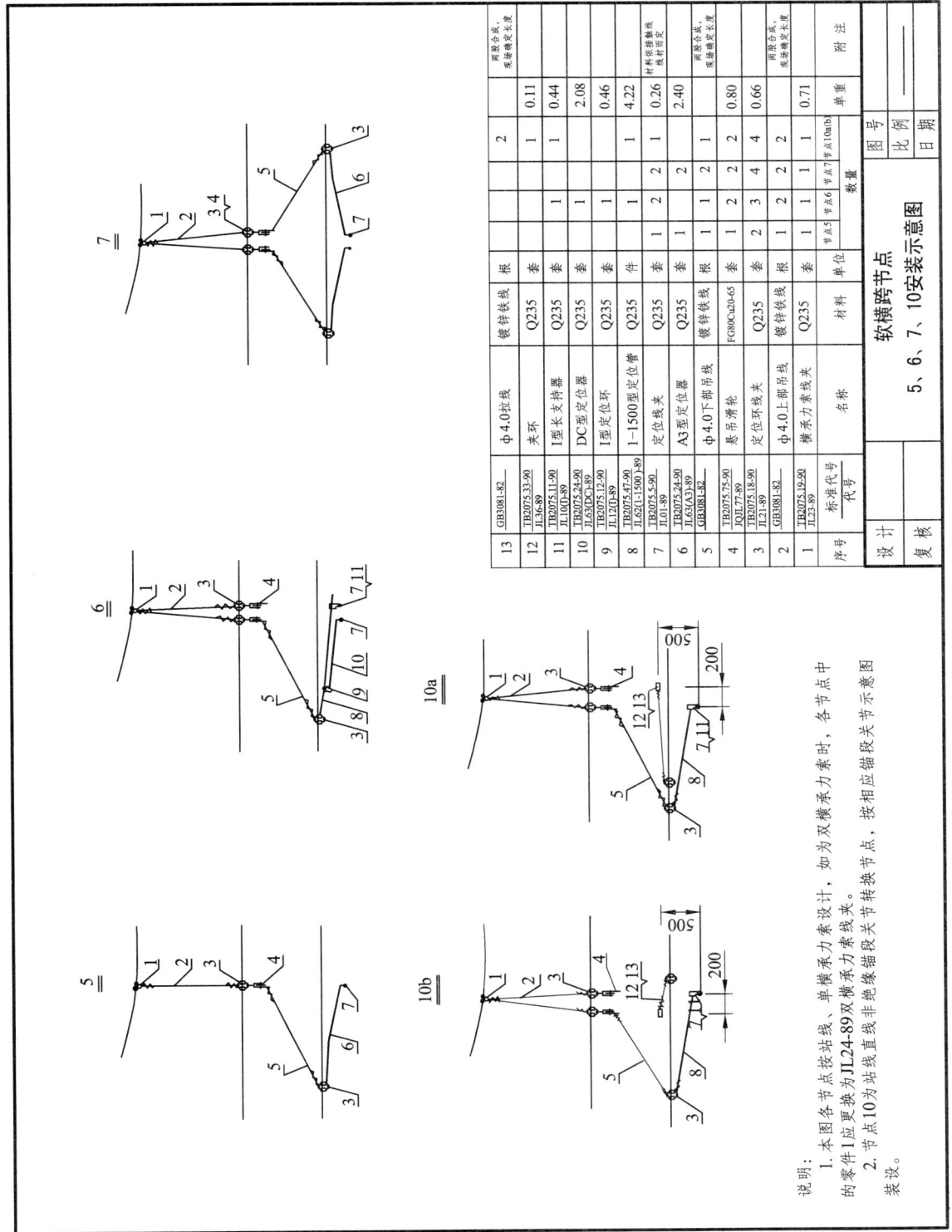

说明：1.本图各节点按站线、单横承力索设计，如为双横承力索时，各节点中的零件1应更换为JL24-89双横承力索线夹。
2.节点10为站线非绝缘锚段关节转换节点，按相应锚段关节转换节点示意图装设。

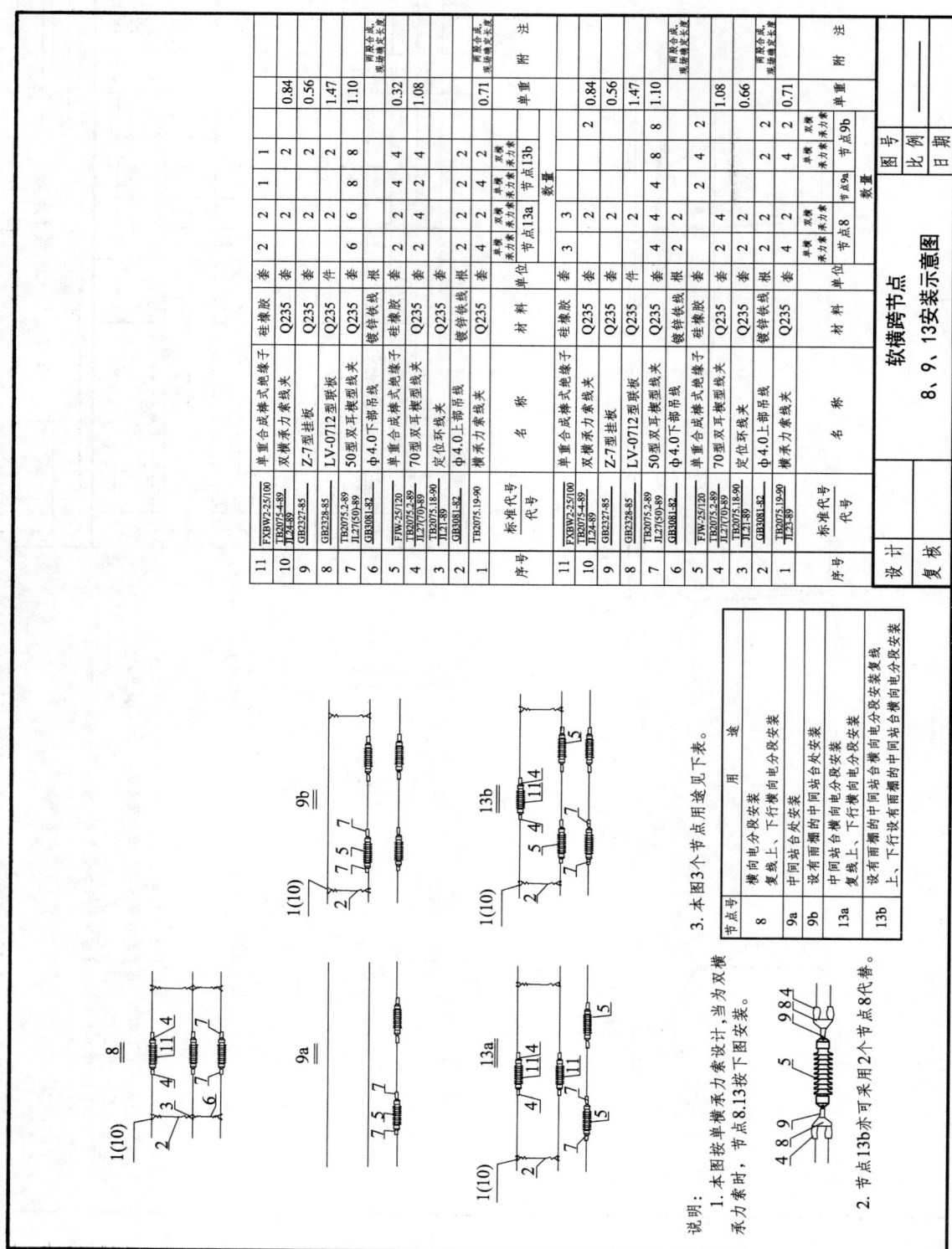

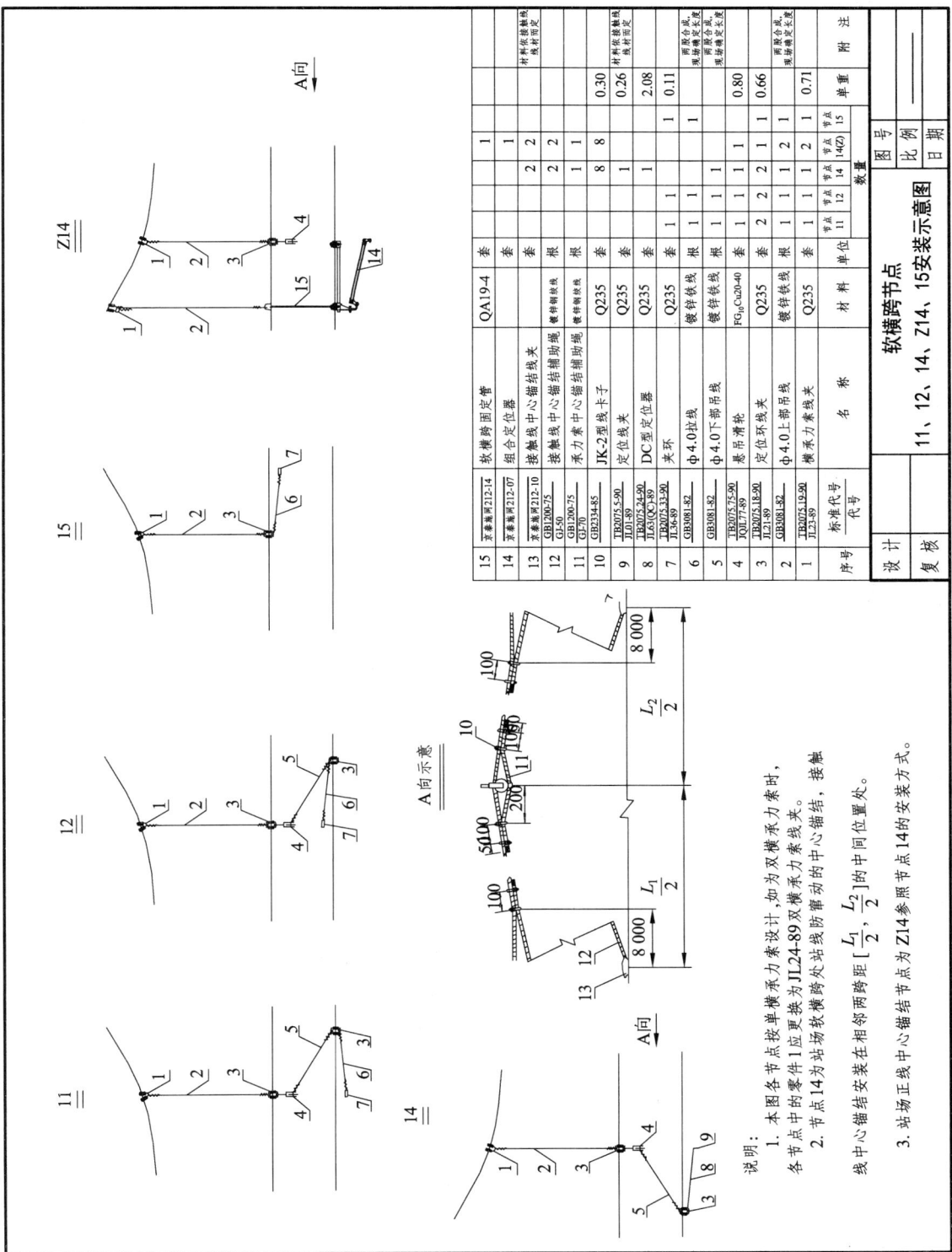

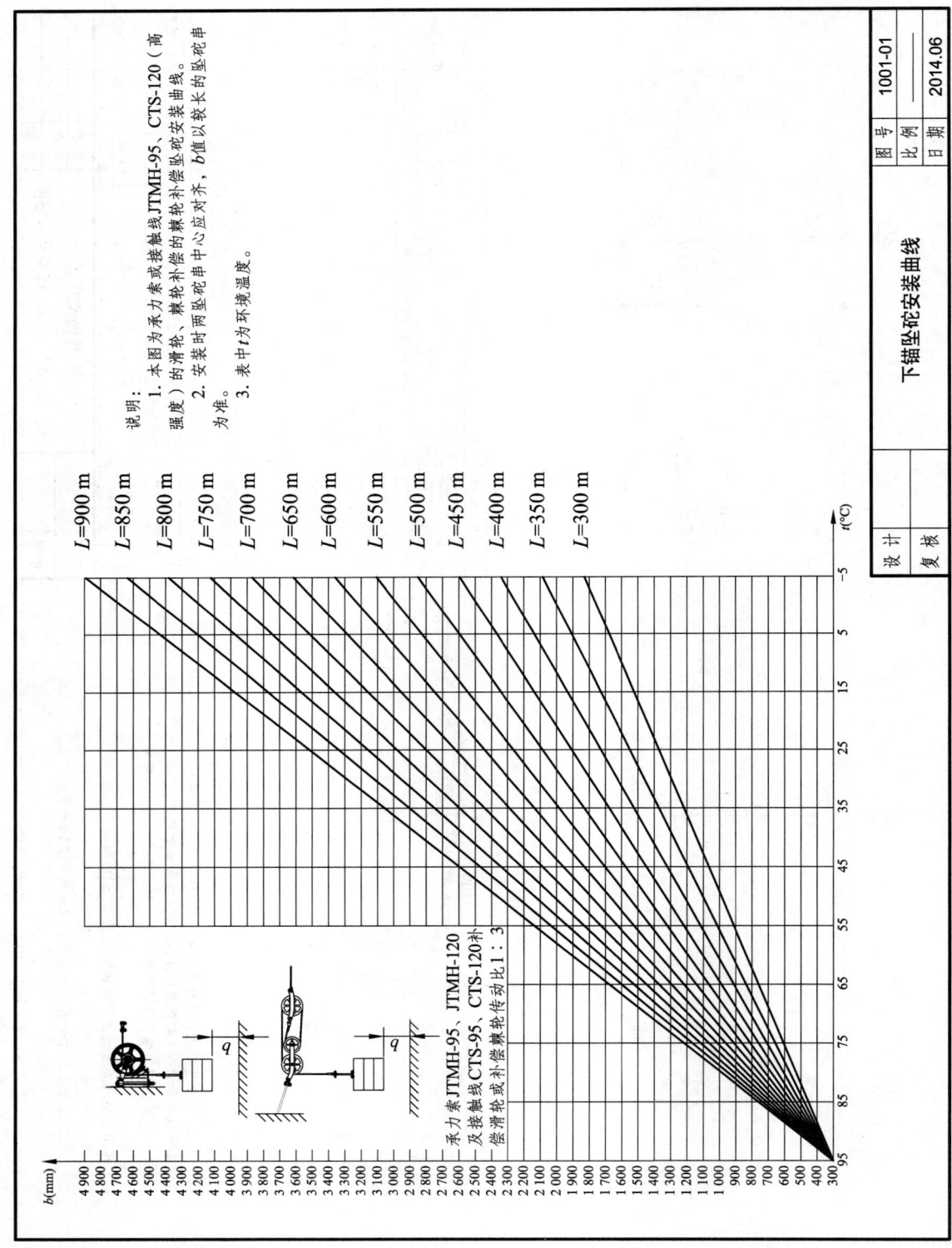

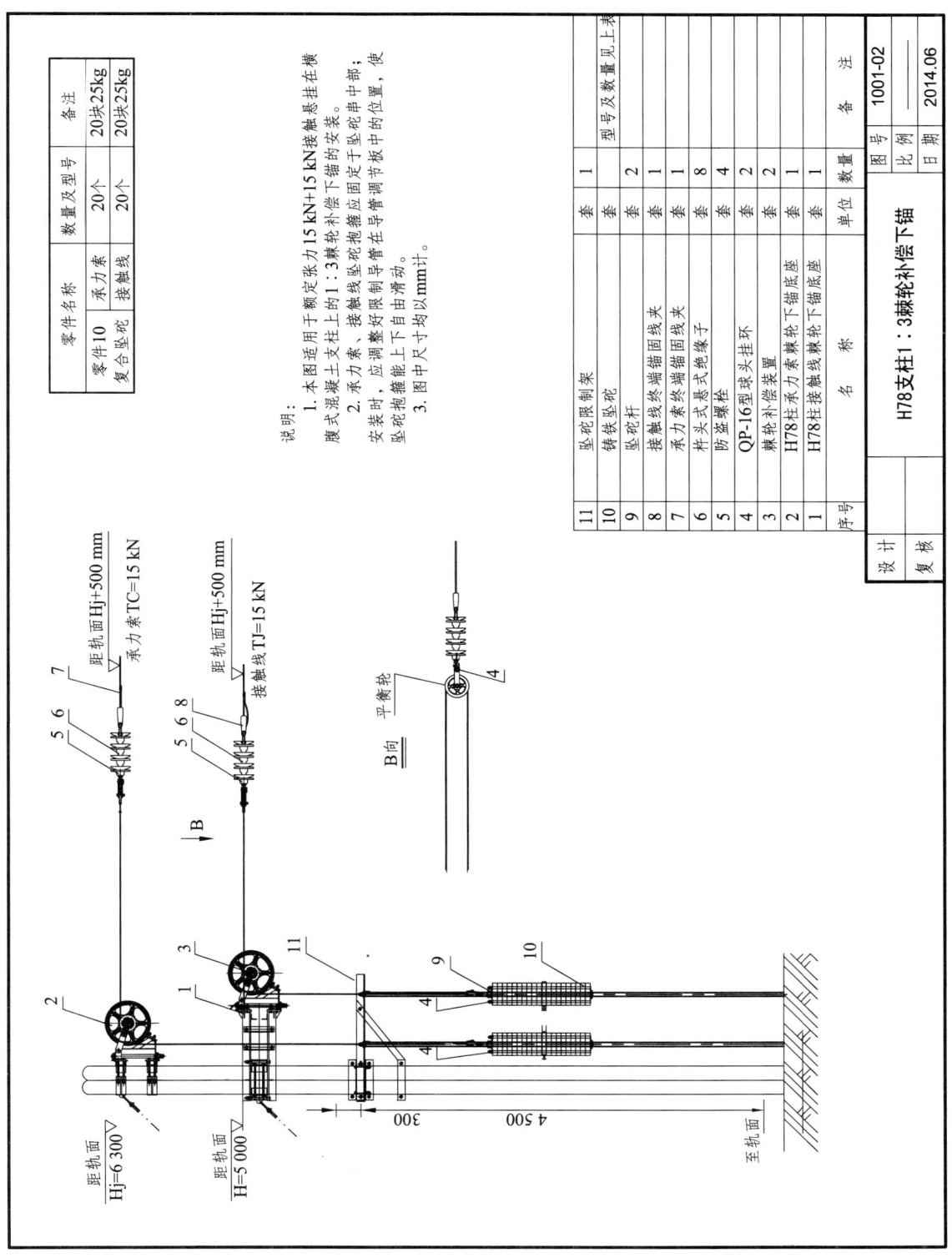

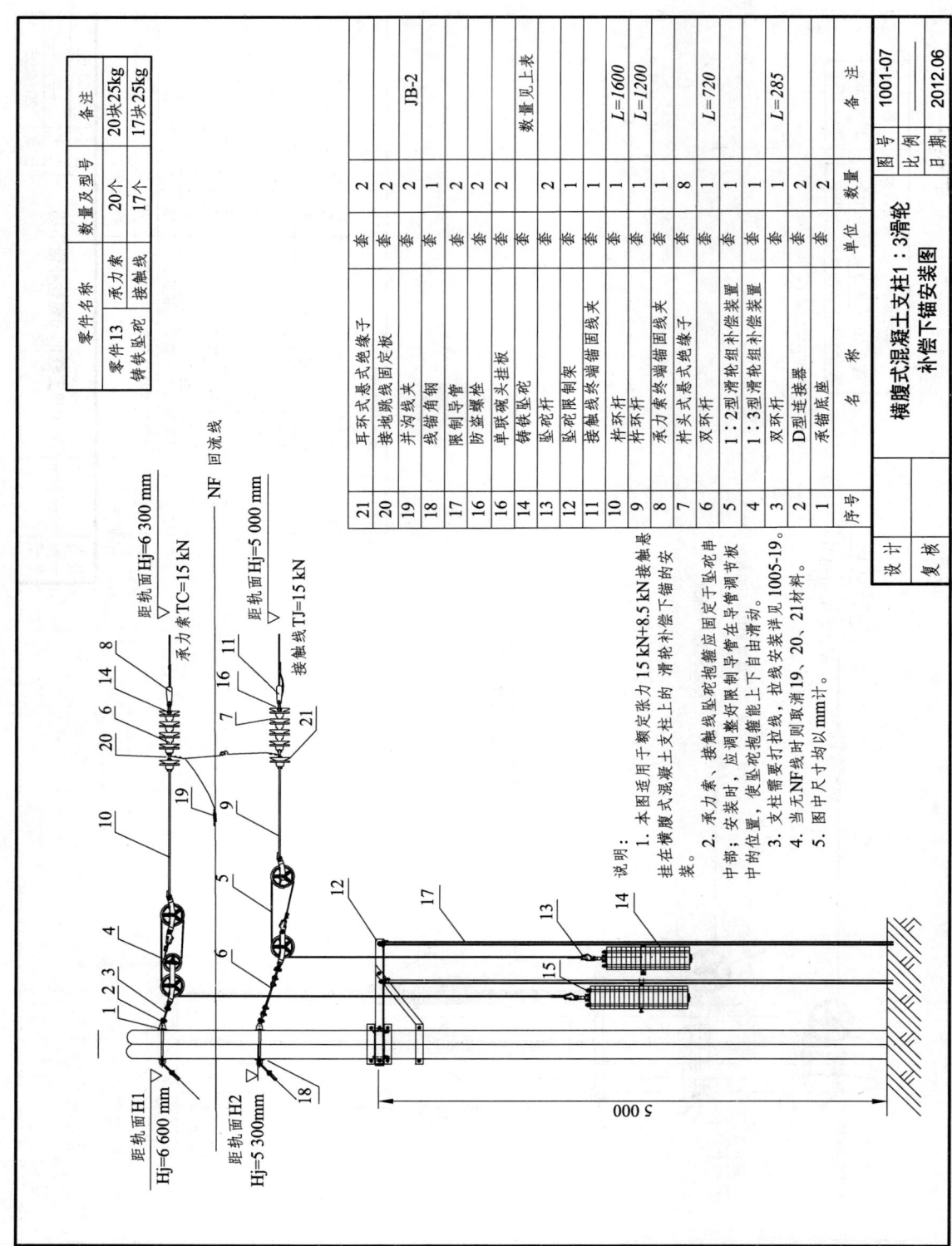

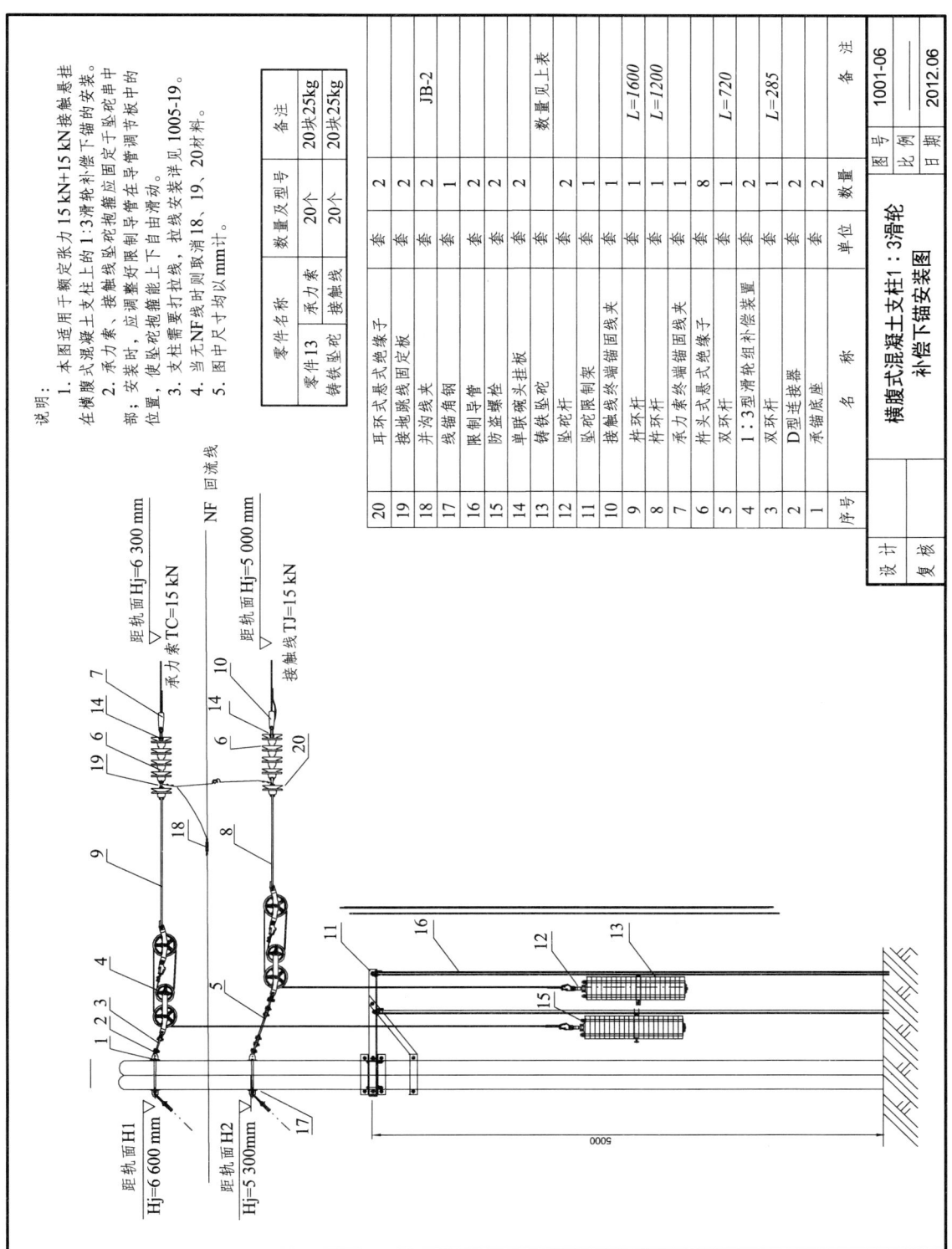

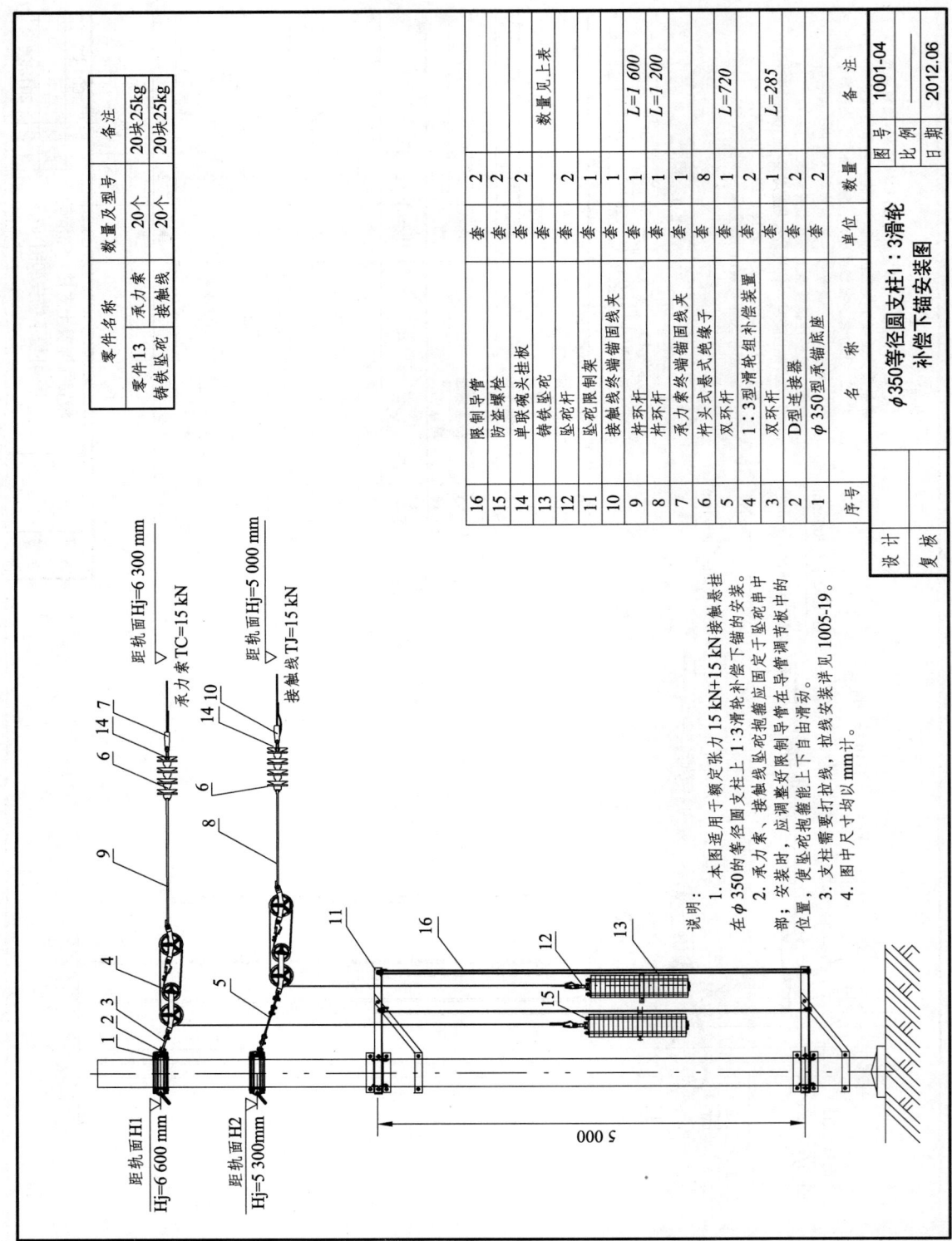

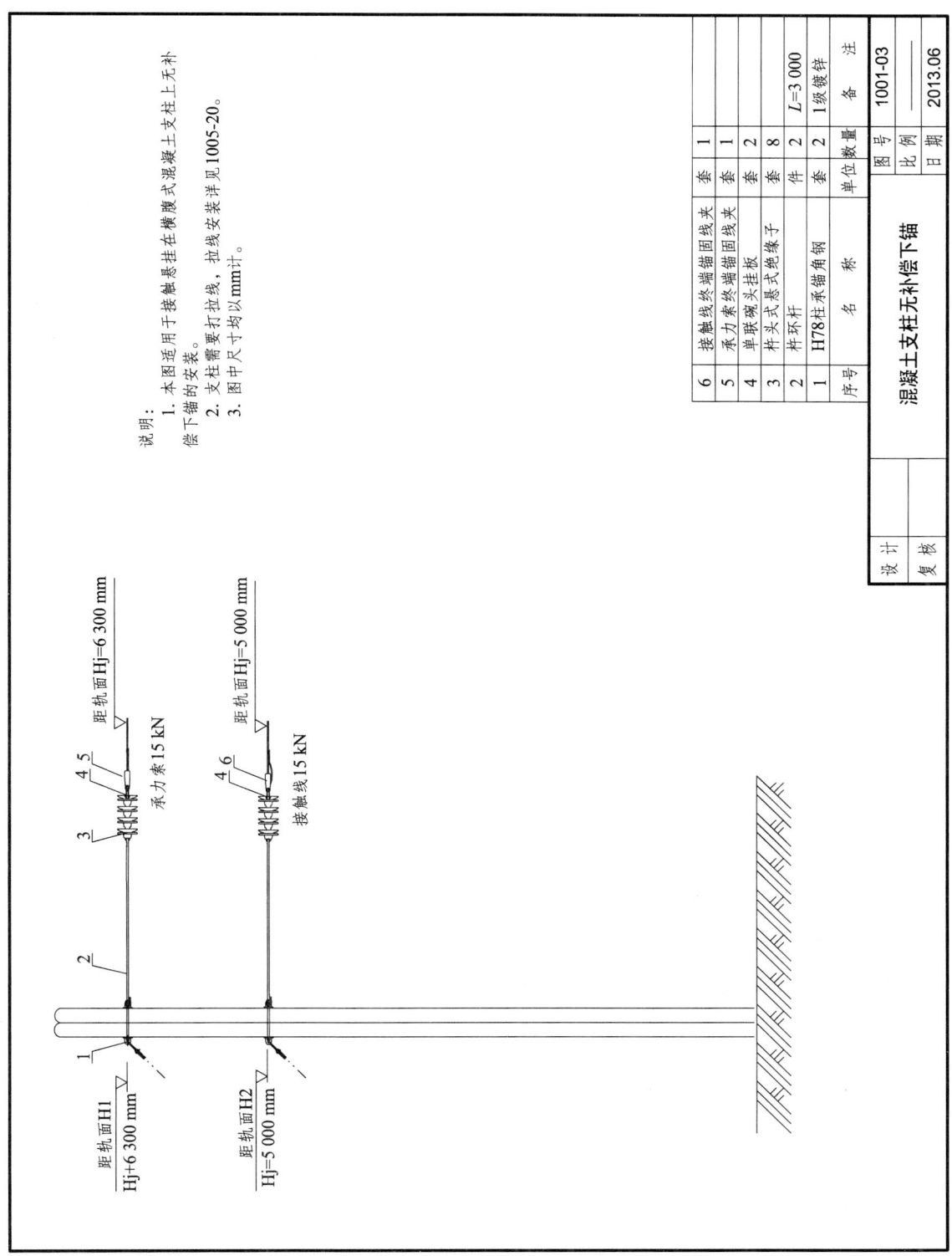

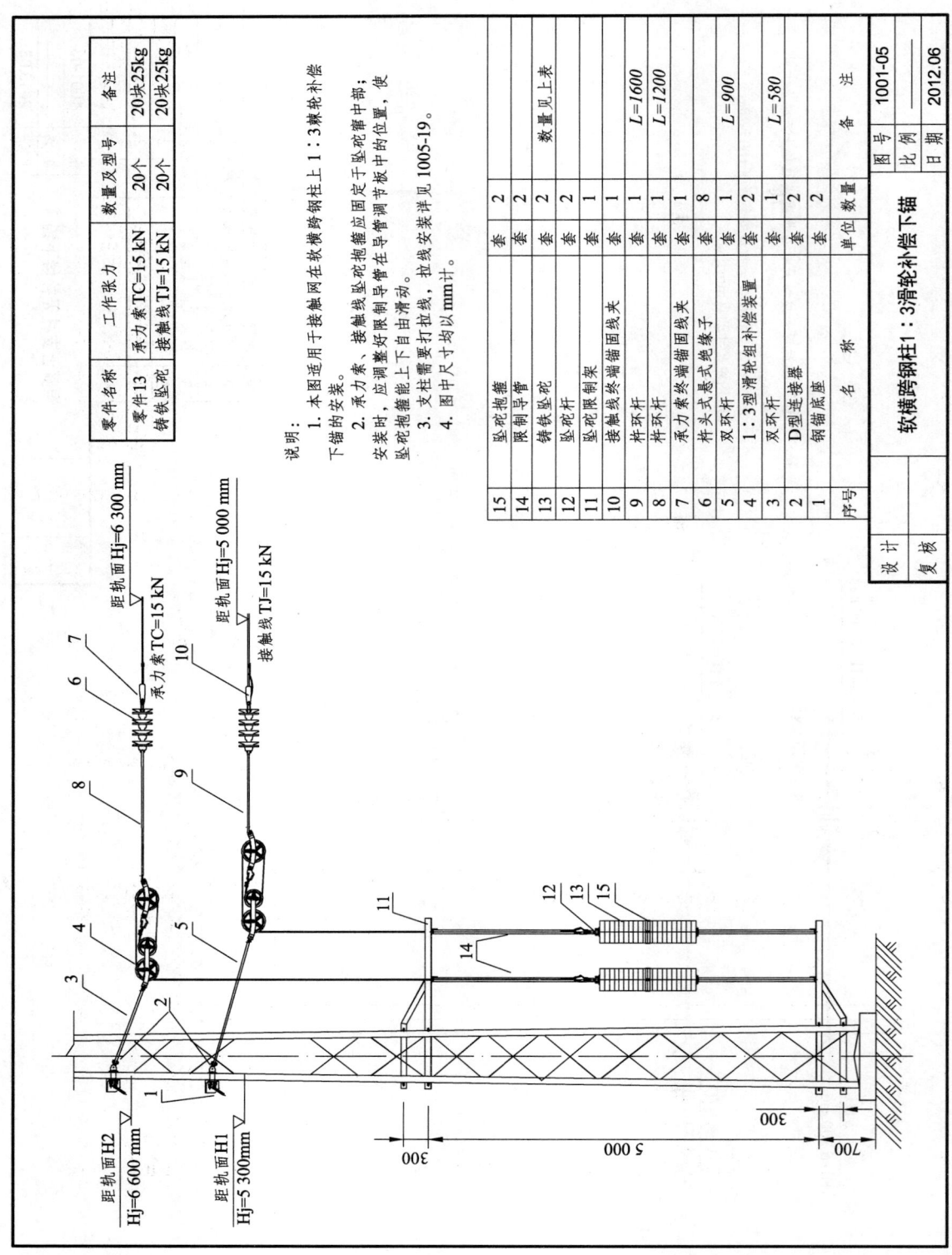

附录：接触网安装图

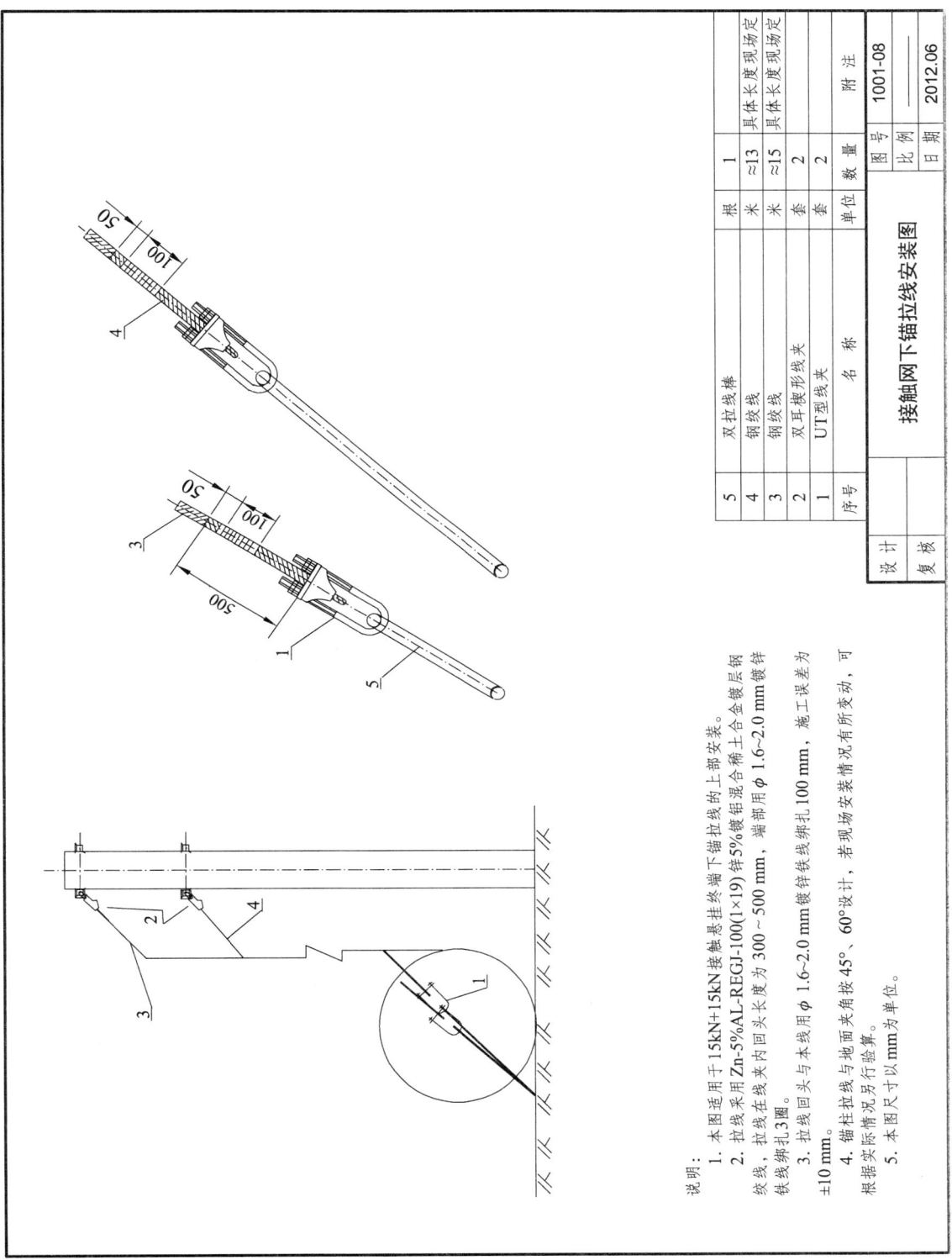

序号	名称	单位	数量	附注
5	双拉线棒	根	1	
4	钢绞线	米	≈13	具体长度现场定
3	钢绞线	米	≈15	具体长度现场定
2	双耳楔形线夹	套	2	
1	UT型线夹	套	2	

接触网下锚拉线安装图

图号 1001-08
日期 2012.06

说明：
1. 本图适用于15kN+15kN接触悬挂终端下锚拉线的上部安装。
2. 拉线采用Zn-5%AL-REGJ-100(1×19)锌5%镀铝混合稀土合金镀层钢绞线，拉线在线夹内回头长度为300～500 mm，端部用φ1.6～2.0 mm镀锌铁线绑扎3圈。
3. 拉线回头与本线用φ1.6～2.0 mm镀锌铁线绑扎100 mm，施工误差为±10 mm。
4. 锚柱拉线与地面夹角按45°、60°设计，若现场安装情况有所变动，可根据实际情况另行验算。
5. 本图尺寸以mm为单位。

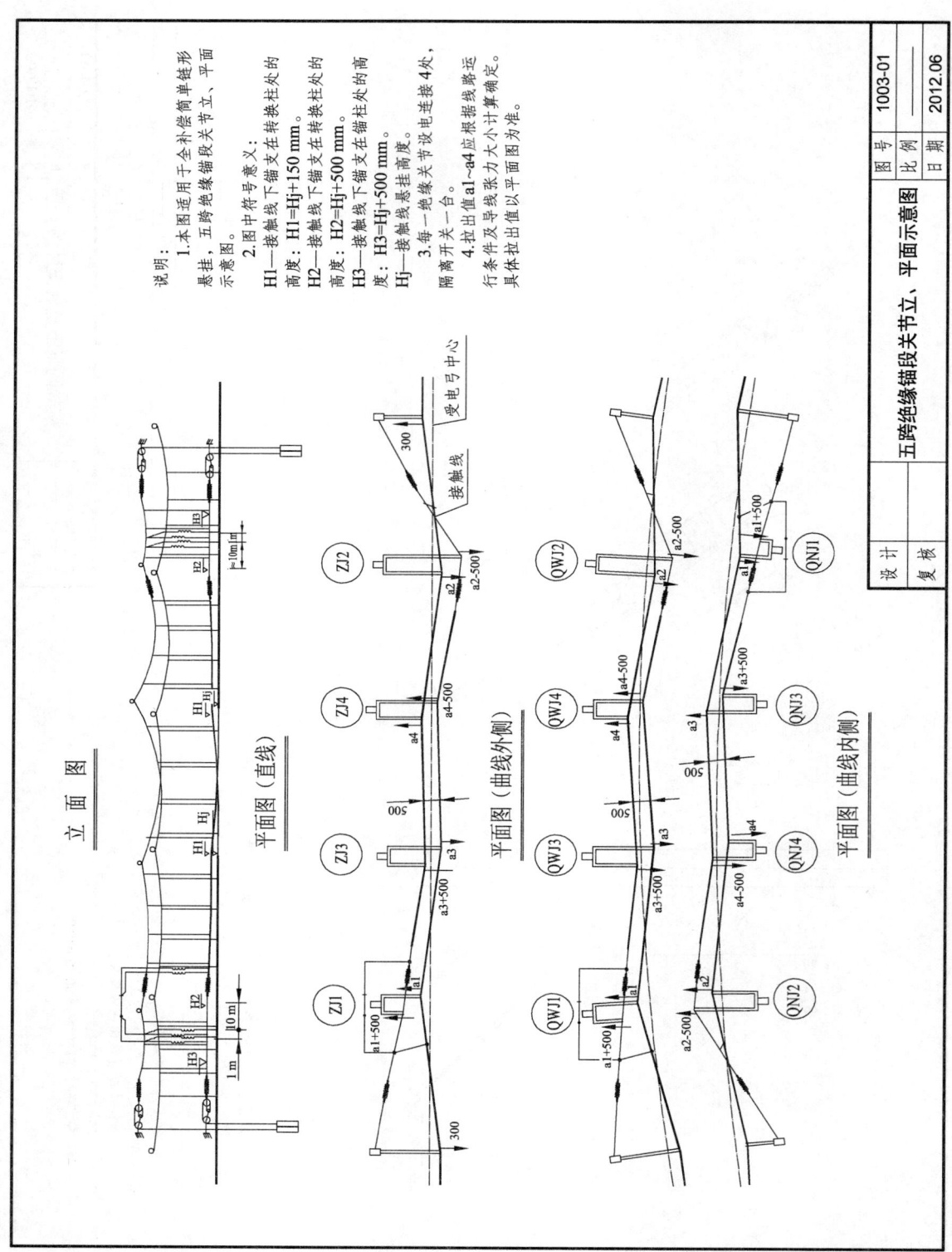

附录：接触网安装图

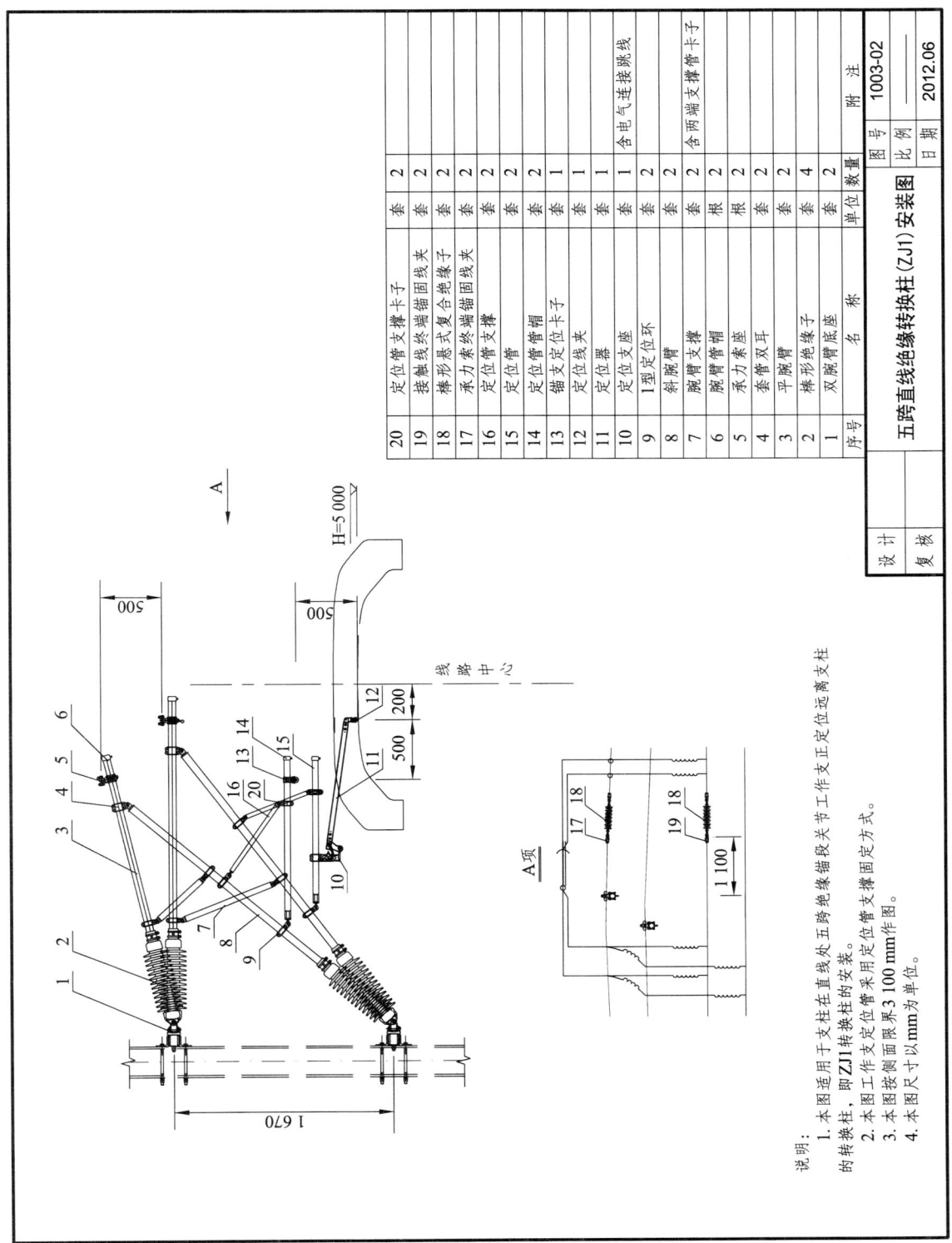

序号	名 称	单位	数量	附 注
1	双腕臂底座	套	2	
2	棒形绝缘子	套	4	
3	平腕臂	套	2	
4	套管双耳	套	2	
5	承力索管帽	根	2	
6	腕臂支撑	根	2	
7	斜腕臂	套	2	含两端支撑管卡子
8	I型定位环	套	2	
9	定位器支座	套	1	
10	定位线夹	套	1	含电气连接跳线
11	定位支定位卡子	套	1	
12	锚支定位卡子	套	2	
13	定位管卡子	套	2	
14	定位管帽	套	2	
15	定位管支撑	套	2	
16	承力索锚端复合绝缘线夹	套	2	
17	棒形悬式锚端绝缘子	套	2	
18	接触线终端锚固绝缘线夹	套	2	
19	定位管支撑卡子	套	2	
20				

五跨直线绝缘转换柱(ZJ1)安装图

设计		图号	1003-02
复核		比例	
		日期	2012.06

说明：
1. 本图适用于支柱在直线处五跨绝缘锚段关节工作支正定位远离支柱的转换柱，即ZJ1转换柱的安装。
2. 本图工作支定位管采用定位管支撑固定方式。
3. 本图按测面限界3 100 mm作图。
4. 本图尺寸以mm为单位。

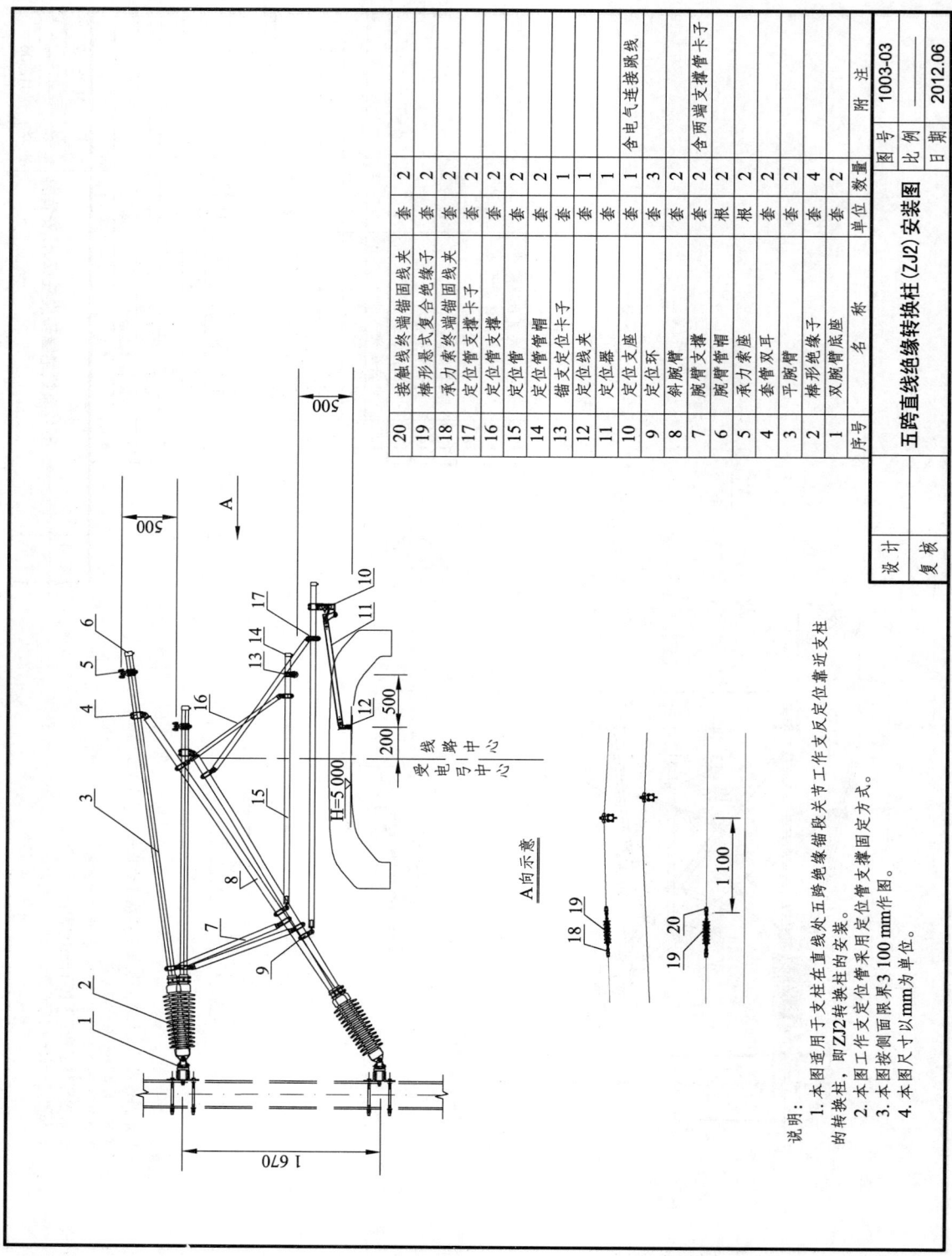

附录：接触网安装图

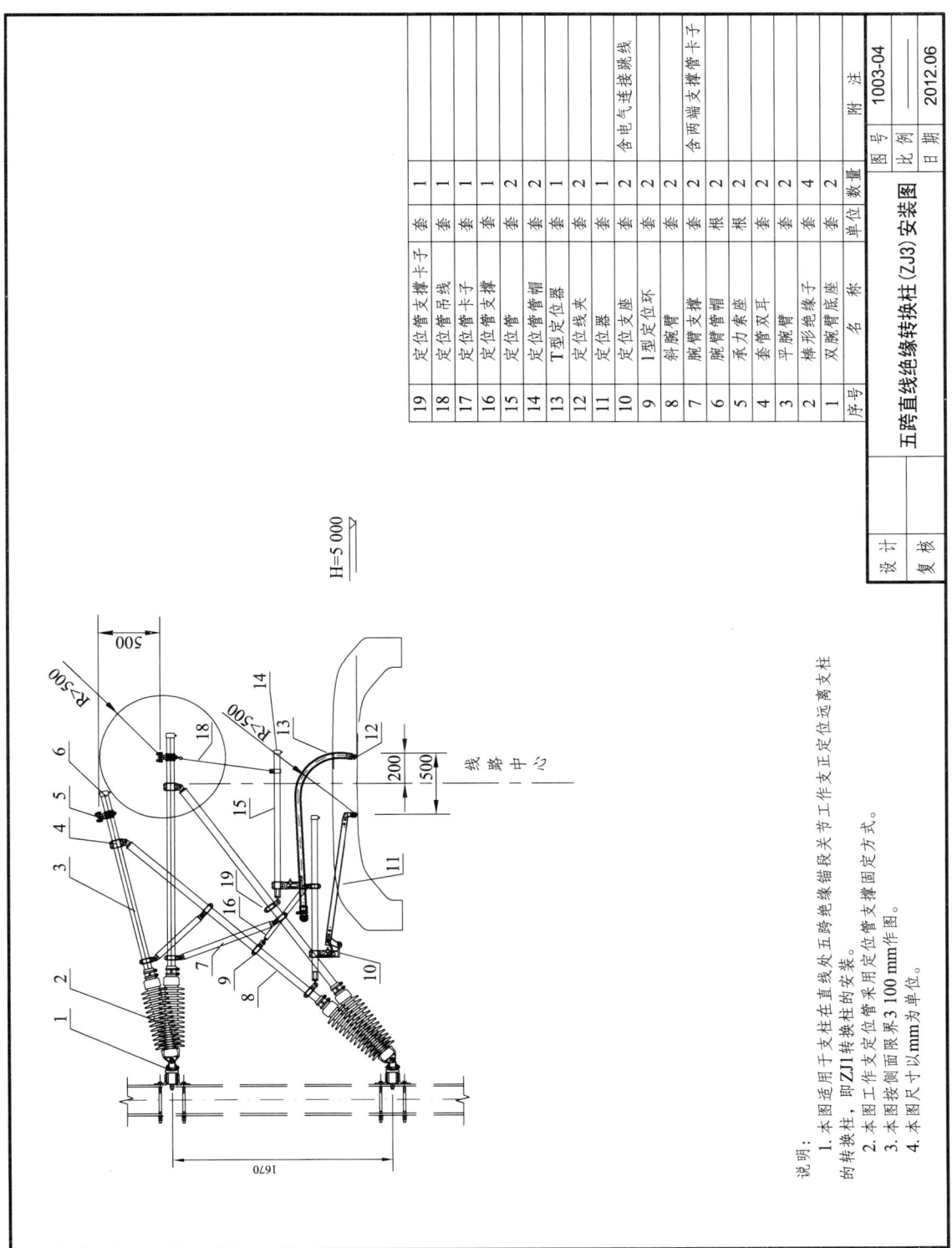

序号	名称	单位	数量	附注
19	定位管支撑卡子	套	1	
18	定位管吊线	套	1	
17	定位管卡线	套	1	
16	定位管支撑	套	1	
15	定位管	套	2	
14	定位管管帽	套	2	
13	T型定位器	套	1	
12	定位线夹	套	2	
11	定位器	套	1	
10	I型定位环	套	2	含电气连接跳线
9	定位座	套	2	
8	斜腕臂	根	2	含两端支撑管卡子
7	腕臂管支撑	套	2	
6	腕臂管管帽	套	2	
5	承力索座	套	2	
4	套管双耳	套	2	
3	平腕臂	套	2	
2	棒形绝缘子	套	4	
1	双腕臂底座	套	2	

	五跨直线绝缘转换柱（ZJ3）安装图	图号	1003-04
设计		比例	—
复核		日期	2012.06

说明：
1. 本图适用于支柱在直线处五跨绝缘锚段关节工作支正定位远离支柱的转换柱，即ZJ1转换柱的安装。
2. 本图工作支侧面限界用定位管支撑固定方式。
3. 本图接触悬挂跨距采用3 100 mm作图。
4. 本图尺寸以mm为单位。

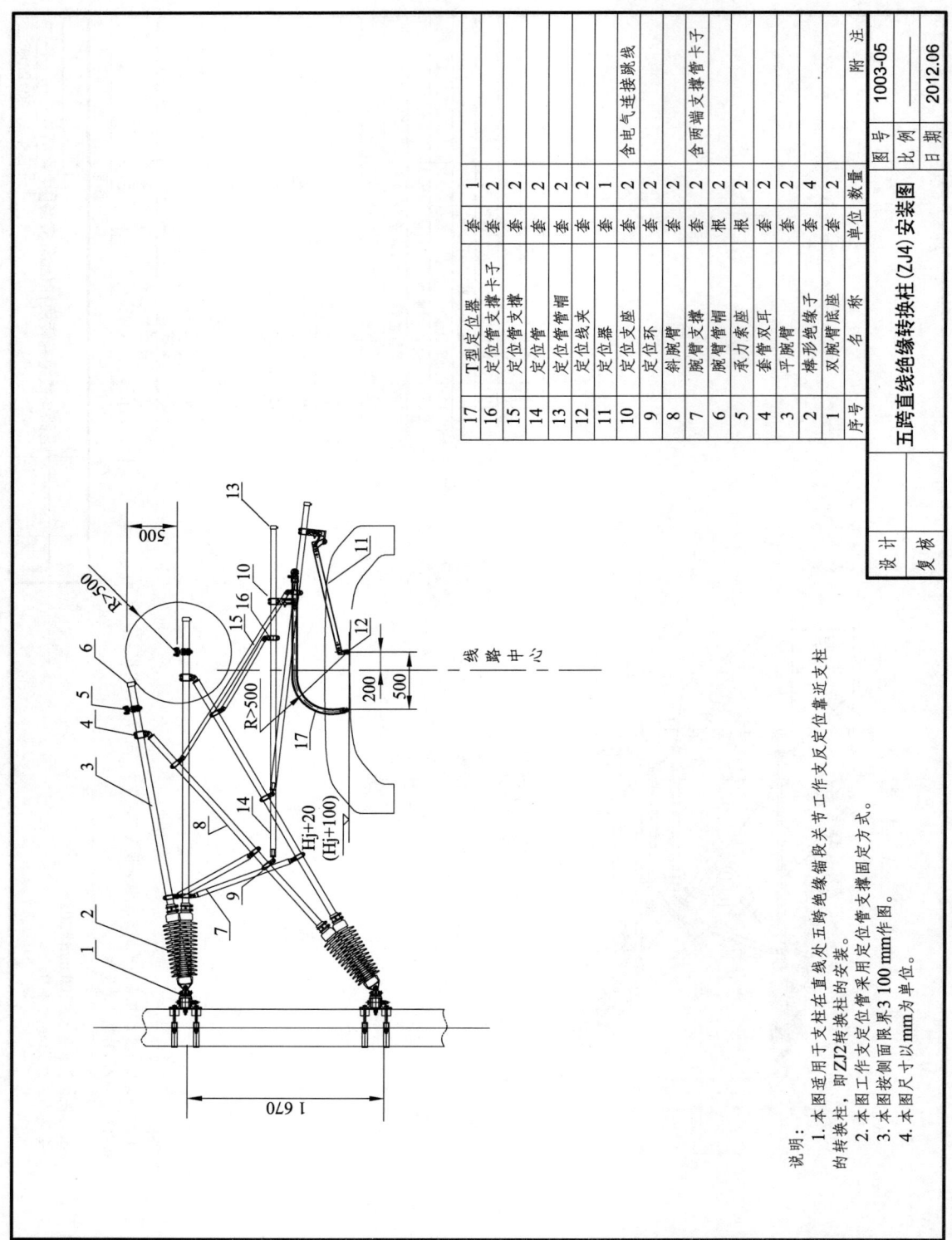

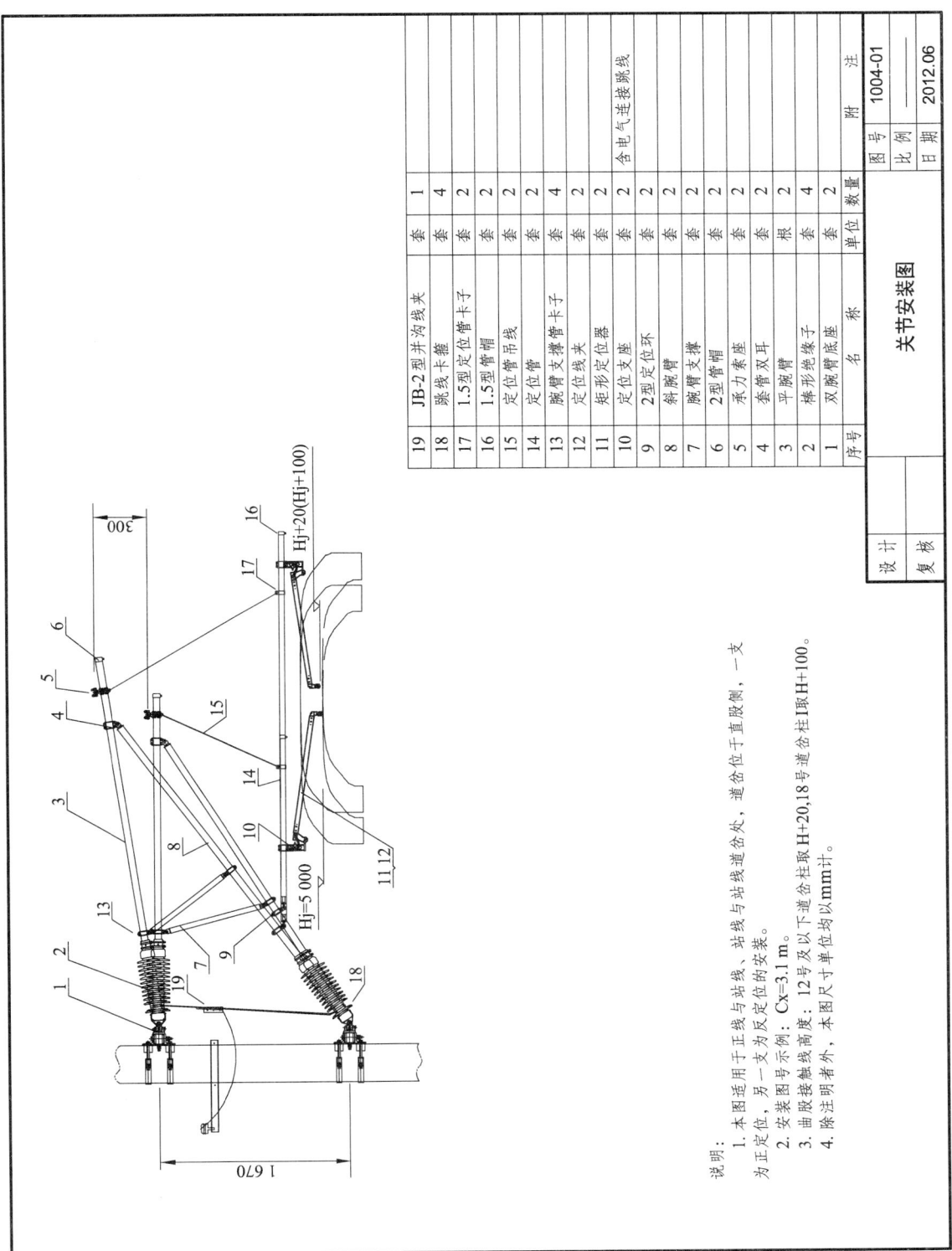

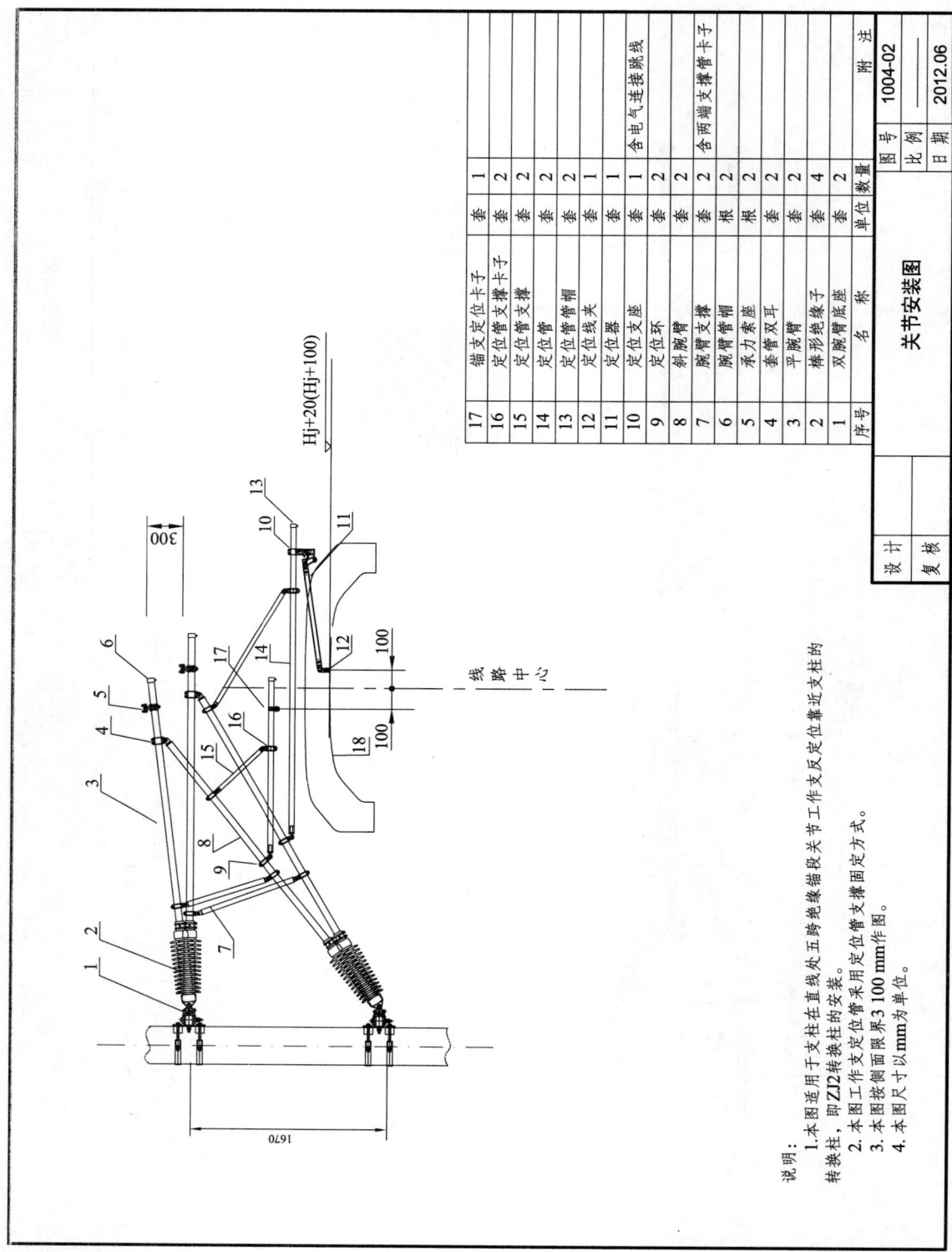

关节安装图

附录：接触网安装图

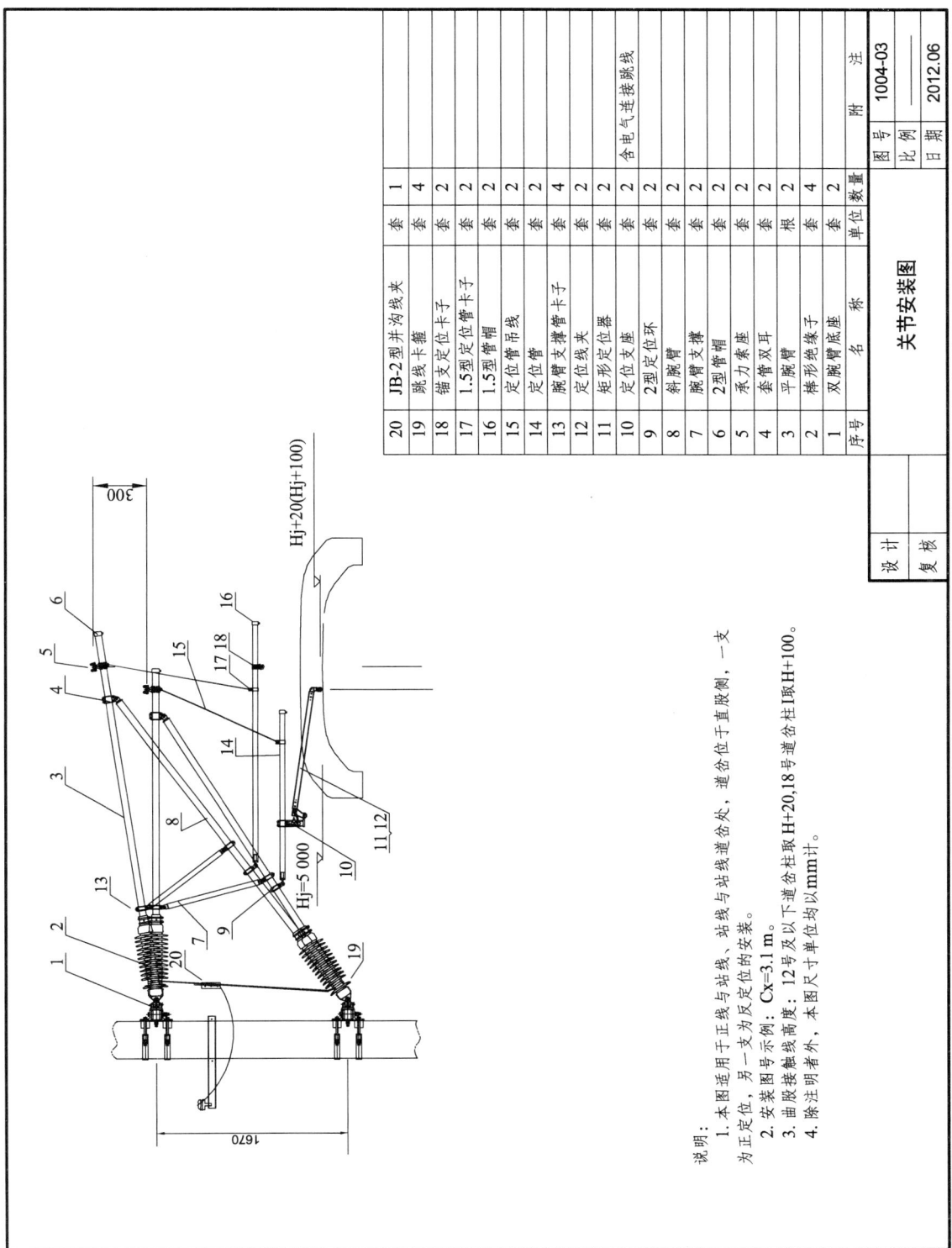

序号	名 称	单位	数量	附 注
1	双腕臂底座	套	2	
2	棒形绝缘子	根	4	
3	平腕臂	套	2	
4	套管双耳	套	2	
5	承力索座	套	2	
6	2型管帽	套	2	
7	腕臂支撑	套	2	
8	斜腕臂	套	2	
9	2型定位环	套	2	
10	定位支座	套	2	含电气连接跳线
11	矩形定位器	套	2	
12	定位线夹	套	4	
13	腕臂支撑管卡子	套	2	
14	定位管支撑	套	2	
15	定位管吊线	套	2	
16	1.5型管帽	套	2	
17	1.5型定位管卡子	套	2	
18	锚支定位卡子	套	2	
19	跳线卡箍	套	4	
20	JB-2型并沟线夹	套	1	

关节安装图

设计		图号	1004-03
复核		比例	—
		日期	2012.06

说明：
1．本图适用于正线与站线，站线与站线道岔处，道岔定子直股侧，一支为正定位，另一支为反定位的安装。
2．安装图号示意：Cx=3.1 m。
3．曲股接触线高度：12号及以下道岔柱取H+20,18号道岔柱取H+100。
4．除注明者外，本图尺寸单位均以mm计。

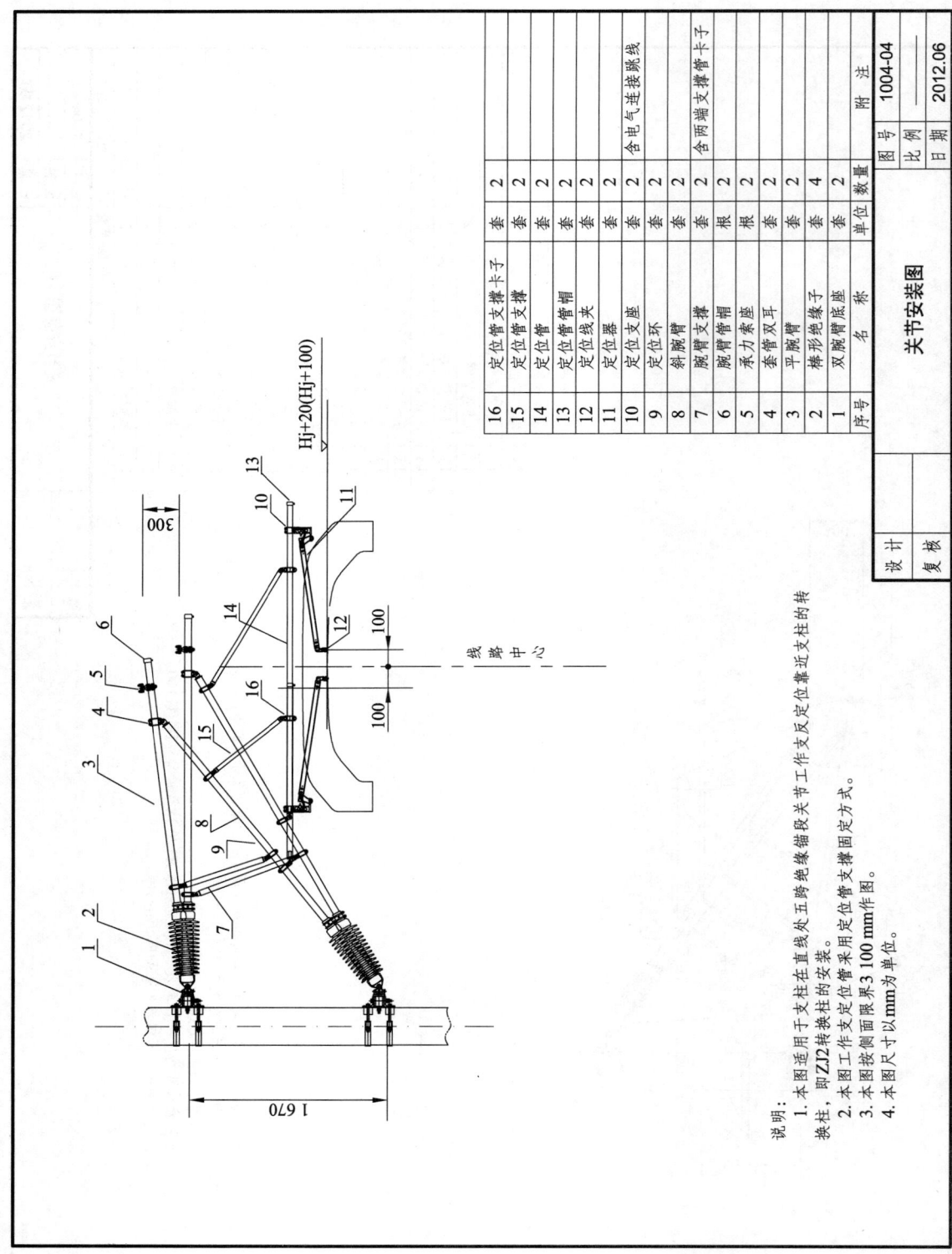

附录：接触网安装图

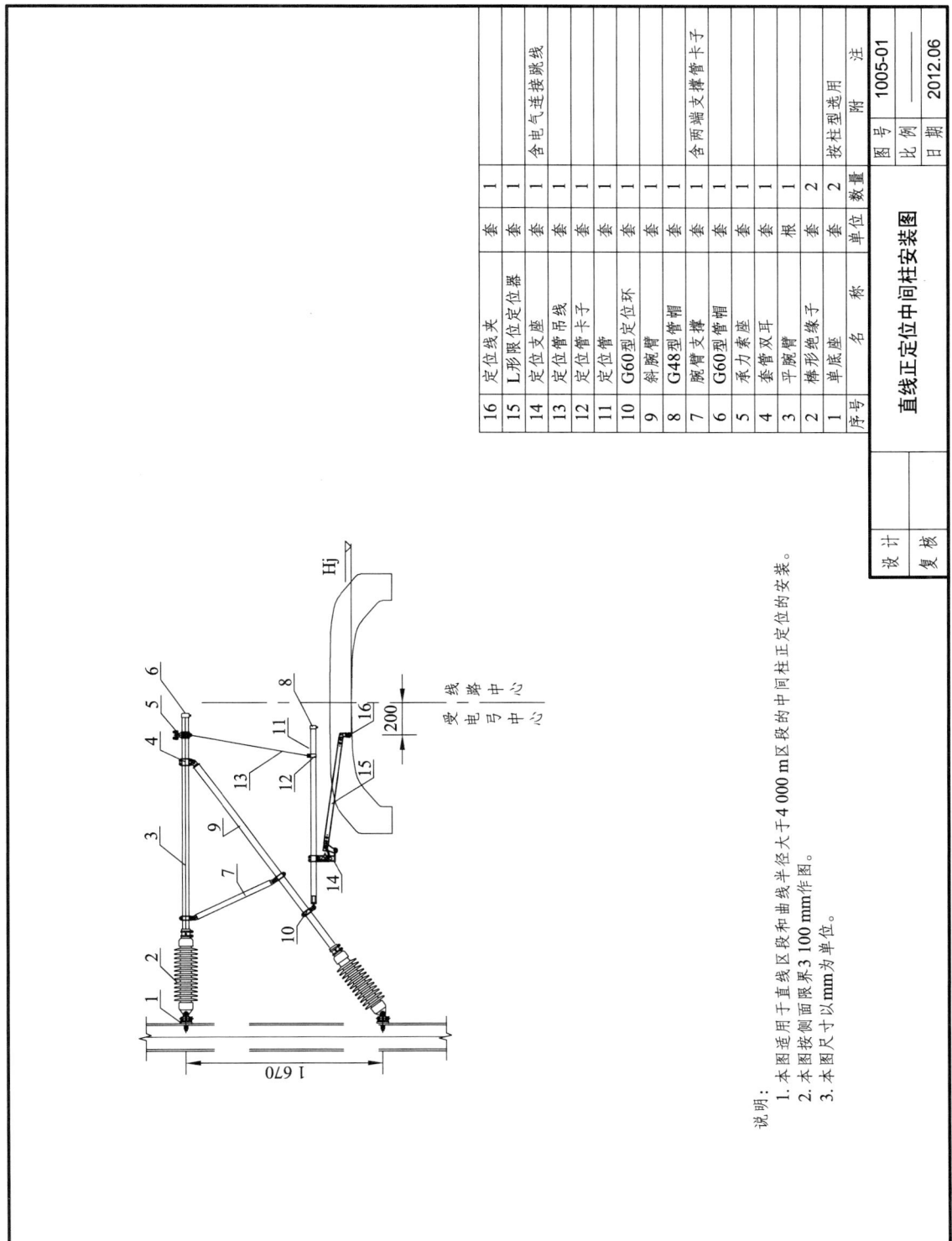

序号	名称	单位	数量	附注
16	定位线夹	套	1	
15	L形限位定位器	套	1	
14	定位支座	套	1	含电气连接跳线
13	定位管吊线	套	1	
12	定位管卡子	套	1	
11	定位管	套	1	
10	G60型定位环	套	1	
9	斜腕臂	套	1	
8	G48型管帽	套	1	
7	腕臂支撑	套	1	含两端支撑管卡子
6	G60型管帽	套	1	
5	承力索座	套	1	
4	套管双耳	套	1	
3	平腕臂	根	1	
2	棒形绝缘子	套	2	
1	单底座	套	2	按柱型选用

直线正定位中间柱安装图

图号 1005-01
比例 —
日期 2012.06

说明：
1. 本图适用于直线区段和曲线半径大于4 000 m区段的中间柱正定位的安装。
2. 本图按侧面限界3 100 mm作图。
3. 本图尺寸以mm为单位。

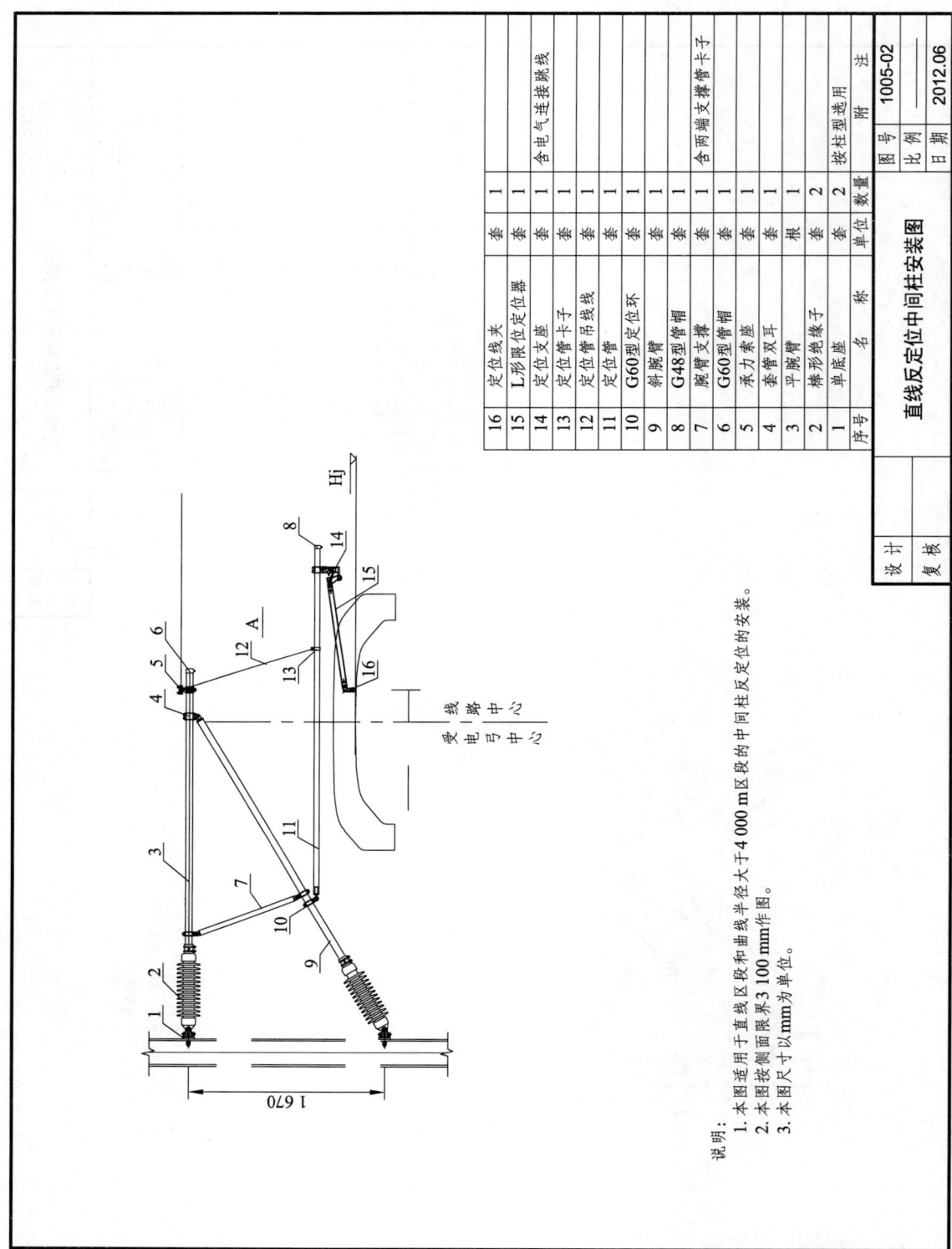

附录：接触网安装图

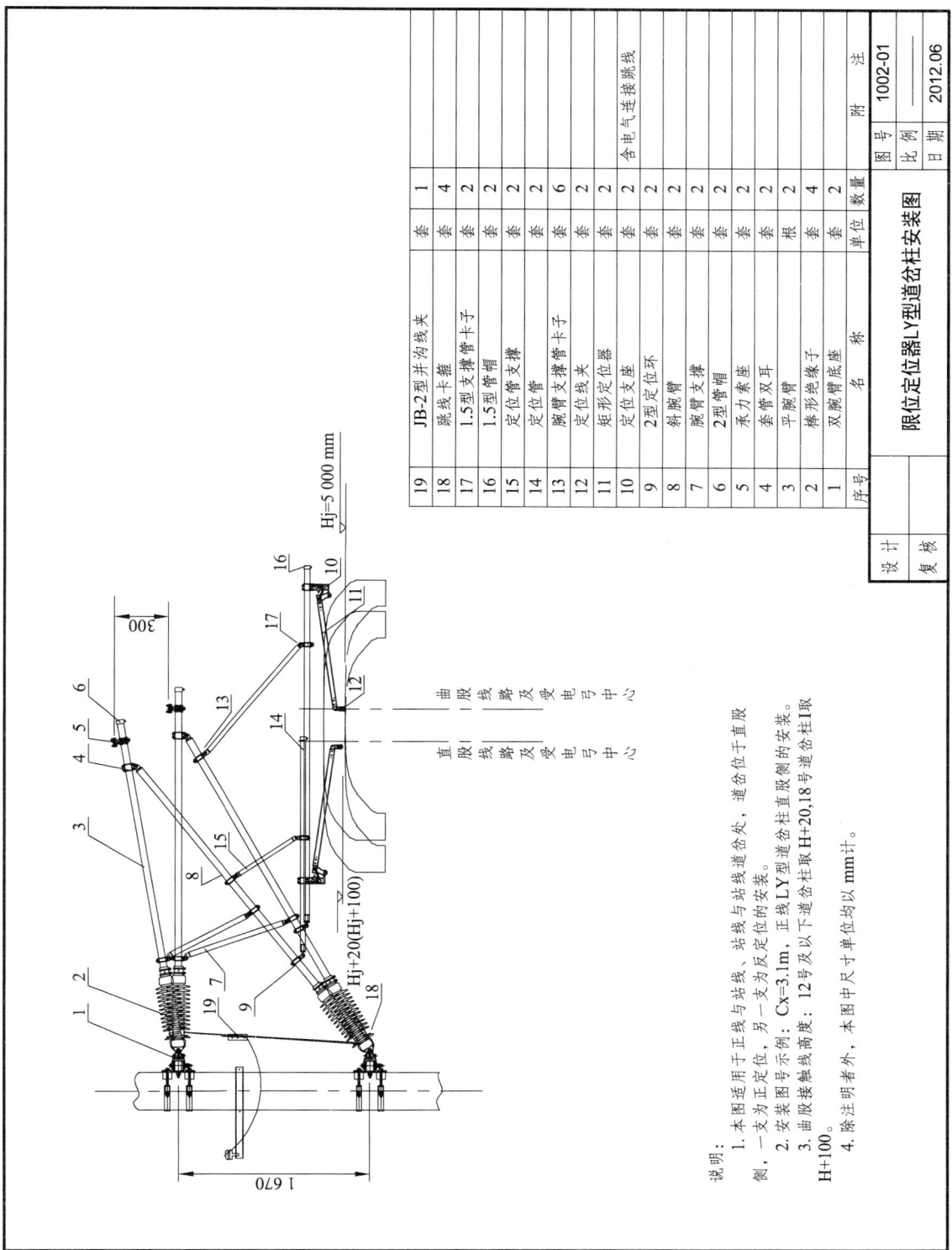

序号	名称	单位	数量	附注
1	双腕臂底座	套	2	
2	棒形绝缘子	根	4	
3	平腕臂	套	2	
4	套管双耳	套	2	
5	承力索座	套	2	
6	2型管帽	套	2	
7	斜腕臂	套	2	
8	2型定位臂	套	2	
9	定位支座	套	2	
10	矩形定位器	套	2	
11	定位线夹	套	2	
12	腕臂支撑卡子	套	6	
13	腕臂支撑管	套	2	
14	定位管	套	2	
15	定位管帽	套	2	
16	1.5型支撑管帽	套	2	
17	1.5型支撑管卡子	套	2	
18	跳线卡箍	套	4	含电气连接跳线
19	JB-2型并沟线夹	套	1	

限位定位器LY型道岔柱安装图

图号	1002-01
比例	—
日期	2012.06

设计　　复核

说明：
1. 本图适用于正线与站线、站线与站线道岔处，道岔柱子直股侧，另一支为正定位，曲股线路反受电号一支为反定位。
2. 安装图示例：Cx=3.1m，正线LY型道岔柱直股侧的安装。
3. 曲股接触线高度：12号及以下道岔柱H+20,18号道岔柱H取H+100。
4. 除注明者外，本图中尺寸单位均以mm计。

- 135 -

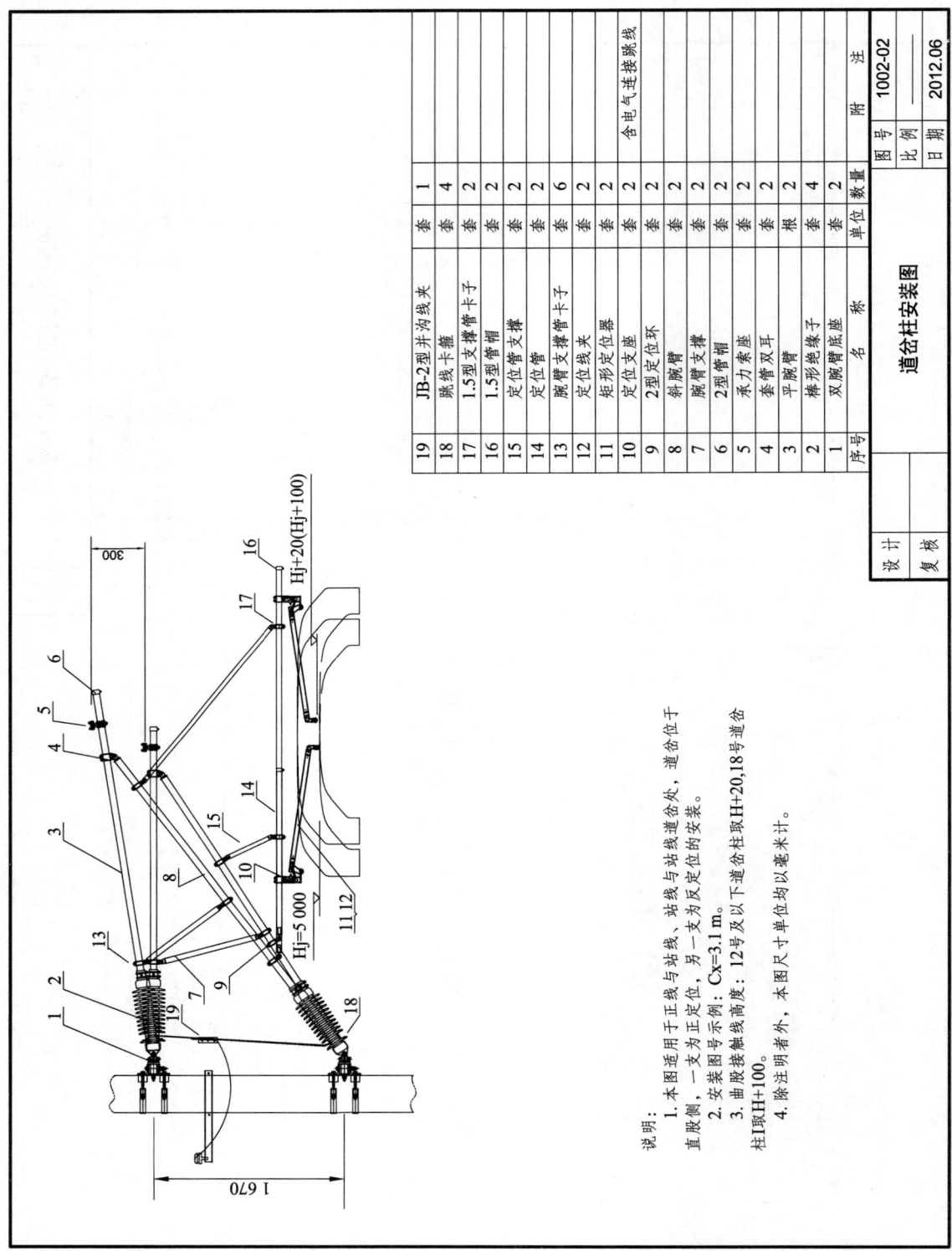

附录：接触网安装图

参考文献

[1] 普速铁路接触网安全工作规则（TG/GD115—2017）.

[2] 铁道部科技教育司. 接触网工[M]. 北京：中国铁道出版社，2001.

[3] 鲁宝安，王诗颂. 接触网施工[M]. 北京：中国铁道出版社，2012.

[4] 张万里. 接触网工技术问答850题[M]. 北京：中国铁道出版社，2011.

[5] 李伟. 接触网基础知识[M]. 北京：中国铁道出版社，2008.

[6] 芦良花，张红梅，臧舒婷. 实用急诊急救护理手册[M]. 郑州：河南科学技术出版社，2017.

[7] 中铁电气化局集团第一工程有限公司. 电气化铁道施工手册——接触网[M]. 北京：中国铁道出版社，2015.